Haz tus películas en stop motion

Edición publicada mediante acuerdo con Wiley Publishing, Inc.
...For Dummies, el señor Dummy y los logos de Wiley Publishing, Inc. son marcas registradas utilizadas con licencia exclusiva de Wiley Publishing, Inc.

Título original: *Stop-Motion-Trickfilme selber machen für dummies junior*
Publicado por Wiley-VCH Verlag GmbH & Co.

Revisión técnica: CreaTIC Academy, S.L.

Grupo Planeta
Avda. Diagonal, 662-664
08034 – Barcelona

ISBN: 978-84-329-0544-5
Depósito legal: B. 15.819-2019

Primera edición: septiembre de 2019
Preimpresión: deleatur, s.l.
Impresión: T. G. Soler

Impreso en España - Printed in Spain
www.dummies.es
www.planetadelibros.com

ÍNDICE

Proyecto 6: Cámara y... ¡acción!

Proyecto 7: Publica

INTRODUCCIÓN

© doomu/shutterstock.com

Ven y siéntate. ¿Quieres hacerte cargo de la dirección y filmar tu propia película en stop motion? Estás en el sitio correcto. Tienes tu silla preparada.

Quizá conozcas las películas *Wallace y Gromit* y *Pesadilla antes de Navidad* y te hayas preguntado cómo se hicieron. O quizá hayas mirado un clip animado mediante la técnica de stop motion en YouTube y hayas pensado: «Me gustaría saber hacer algo así».

En este libro vamos a echar juntos una ojeada tras los bastidores de las películas de animación.

ACERCA DE ESTE LIBRO

La producción de películas de animación es algo que hago con frecuencia con jóvenes, y una y otra vez me sorprenden las ideas e historias tan extraordinarias que surgen de vosotros. En este libro me gustaría transmitirte las experiencias extraídas en esos talleres. Espero que estas experiencias te ayuden a realizar tus propias películas.

Aquí averiguarás:

- **En qué consiste la técnica de stop motion.**
- **Lo que necesitas para hacer tus propias películas.**
- **Qué recursos estilísticos y efectos hay.**
- **Cómo desarrollar tu historia y escribir un guion.**
- **Cómo elaborar los personajes y montar el decorado.**
- **Cómo filmar tu película.**

Además, en el sitio web de la colección encontrarás archivos de fondos y sonidos con los que podrás confeccionar tus películas. Entra en www.dummies.es/stopmotion y te los podrás descargar.

ACERCA DE TI

Estoy segura de que sabes muchas cosas. Sin duda, a lo largo de tu vida, has tomado muchas fotos. Y probablemente se te ocurren a menudo historias y chistes geniales. Quizá incluso ya hayas filmado una película de animación en stop motion.

Estas son, sin duda, las mejores premisas para poder comenzar de inmediato.

Tienes muchas obligaciones y compromisos, pero de lo que se trata aquí es de tu tiempo libre. ¡Haz aquello que te divierta!

La pasión se contagia. Cuando una cosa te entusiasma y te divierte, se te ocurrirán mejores ideas y podrás hacer que los demás se entusiasmen contigo.

Idear una película de animación resulta muy divertido. Puedes desarrollar una historia que encaje contigo. Además, tu película se dará sólo una vez…, es, literalmente, «única».

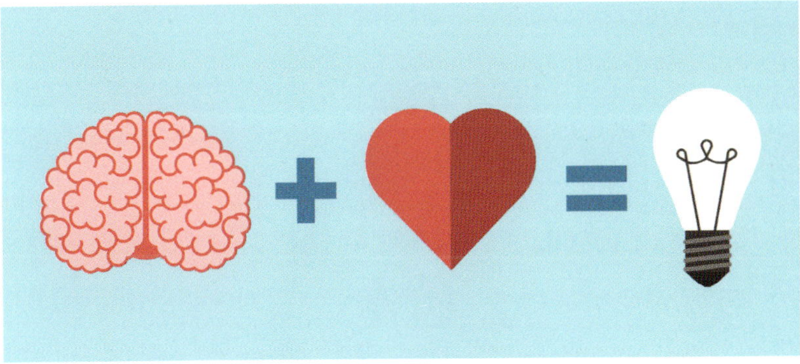

ACERCA DE LOS ICONOS

A medida que leas los diferentes proyectos del libro verás algunos iconos. Significan cosas diferentes:

¡Cuidado! El icono Advertencia acompaña información importante que puede ahorrarte problemas y te indica a qué debes prestar atención.

El icono Recuerda acompaña ideas que deberías tener en cuenta.

El icono Consejo ofrece consejos que te pueden ayudar.

En algunas imágenes encontrarás una lupa. Lo que hace esta lupa es ampliar una porción de la imagen. La utilizo sobre todo para hacer reconocibles las funciones más importantes en las imágenes correspondientes a software.

PROYECTO 1
Tu primera película

Todo es posible en las películas de animación en stop motion. Deja correr la imaginación… Puedes hacer que una amiga tuya flote por la habitación o que los objetos inanimados hablen. En este capítulo averiguarás en qué consiste esta técnica y aprenderás a hacer tu primera película.

¿QUÉ ES STOP MOTION?

Stop motion (animación fotograma a fotograma) es una técnica para filmar películas de animación. Al contrario que en los vídeos normales, aquí no le das al botón de grabar una sola vez, sino que fotografiarás muchas imágenes individuales. Entre cada foto introducirás un pequeño cambio. Al final, montarás todos los fotogramas en orden y así es como nace una película.

El ojo humano interpreta la secuencia de imágenes que varían como movimiento. ¿Conoces el principio del *flip book*?

Las películas están formadas por fotogramas. Cualquier cámara de vídeo toma entre 24 y 30 imágenes por segundo. El cerebro humano deja de reconocer este número de imágenes por segundo como una secuencia de imágenes separadas y las entiende como un único movimiento fluido.

Lo especial de stop motion es que puedes hacer que los objetos hagan cosas que en la vida real no sería posible: ositos de goma que hablan, Super Mario que sale de la pantalla y se mueve por tu habitación, tu hermana que vuela. Todo lo que parece magia puede hacerse fácilmente con una cámara digital o tu smartphone.

¿Sientes curiosidad? ¡Entonces empieza ya mismo con tu primer clip en stop motion!

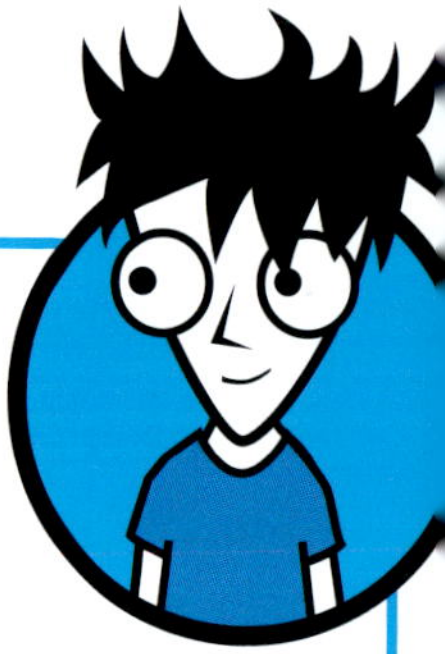

Había una vez...

El pionero del cine George Méliès fue el inventor de la técnica de stop motion. Se dice que su descubrimiento se debió a una cámara estropeada. Durante un rodaje delante de la Ópera de París, la película se encalló. Más tarde, cuando miró los resultados, Méliès se dio cuenta de que, debido a la corta interrupción, los hombres se habían convertido en mujeres y los autobuses en coches. Gracias a un fallo técnico surgieron extraordinarios efectos especiales.

Su descubrimiento fue utilizado después por muchos otros realizadores, por ejemplo, para hacer que King Kong trepase por el Empire State Building. En 1933, cuando se filmó la película *King Kong*, no existía la animación por ordenador, de modo que se utilizó un muñeco grande de un mono que trepó una maqueta del Empire State Building. El movimiento se logró montando la secuencia de fotogramas en la película.

PREPARADOS, LISTOS, ¡YA!

Ahora vas a aprender los fundamentos de las películas en stop motion filmando una película propia. Para esto no necesitas una app especial ni software. Empezaremos con eso en el capítulo 2.

Primero, necesitas una historia. Debería ser sencilla, porque, al principio, de lo que se trata es de aprender la técnica de stop motion y entender lo que hay que hacer. ¿Que no tienes una idea? Pues da una vuelta por tu habitación y echa un vistazo. A lo mejor se te ocurre algo al ver ciertos objetos.

Yo, por mi parte, he encontrado en una cómoda un par de figurillas de trabajadores. De la cocina he pescado una calabaza. Con ambas cosas voy a filmar una película de animación. La idea es que los personajes hagan algo con la calabaza. El qué no lo diré aún.

¿Ya has encontrado algo? Entonces coge los objetos que necesites y vamos a empezar.

1 **Resume la historia de tu película en una frase.**

Lo importante es que ya tengas en mente el final.

2 **Encuentra un buen set.**

El set de la película es el mismo durante toda la película. Digamos que es como el decorado de un escenario donde se representa una obra teatral. El decorado de la obra encaja con la trama. Haz tú lo mismo y encuentra un set que encaje con tu historia.

Yo he elegido un fondo blanco para que nada distraiga de la acción. Tú, naturalmente, puedes ser más valiente y probar otros fondos.

Lo que sí has de vigilar al elegir el lugar donde filmarás es que sea suficientemente claro para fotografiar. Más adelante utilizaremos lámparas para iluminar.

Ahora, lo que necesitas es una cámara digital, un smartphone o una tableta.

3 Monta el set.

Enciende la cámara y coloca el aparato delante del set de modo que todo se vea bien. Comprueba que no se vean los márgenes del set.

Al contrario que con los vídeos convencionales, en la técnica de stop motion no se mueve la cámara, sino los personajes u objetos que hay delante. Tu cámara debe estar fija en un lugar.

CONSEJO

Para que la cámara no resbale por descuido, puedes marcar su ubicación. Lo que yo hago es pegarla con cinta de pintor a la mesa porque ese tipo de cinta no deja residuo. También puedes fijar la cámara poniendo libros a los dos lados.

¿Cómo debe comenzar tu película? ¿Qué tendría que verse al principio?

4 **Monta los objetos y los personajes.**

Yo he colocado a mis trabajadores sobre la calabaza partida.

Ahora dices: «Escena 1: ¡Acción!» Ya eres un camarógrafo o camarógrafa

5 **Toma la primera foto. Desplaza entonces los personajes un poquito y vuelve a darle al botón. Continúa así hasta que llegues al final de tu historia.**

¿Cómo debe comenzar tu película? ¿Qué tendría que verse al principio?

Cuanto menos muevas los personajes de un fotograma al otro, tanto más fluido será el movimiento en la película. Evidentemente, así necesitarás más fotogramas para explicar la historia. En esta película de prueba, ensaya las dos cosas.

Vigila que tus dedos no se queden delante de la lente de la cámara antes de disparar. Si eso ocurre, tendrás que volver a disparar la misma imagen.

Mis personajes han terminado la obra, el medio tubo está listo. Los primeros *skaters* practican sus trucos y mi película ya está.

¿Ya has hecho la última foto? ¡Genial! Entonces puedes felicitarte. Acabas de filmar tu primera película en stop motion. Puedes visionarla si usas la función de presentación de fotos.

Ya has entendido la técnica de stop motion, de modo que podemos empezar en serio.

En los siguientes capítulos averiguarás qué más vas a necesitar (además de una cámara), cómo hacer fotos realmente buenas y qué trucos hay para la animación de personajes. Harás magia, y para ello aprenderás un montón de efectos especiales. Y entonces ya estarás listo para las películas de animación. ¿A qué esperas?

PROYECTO 2
Lo que necesitarás

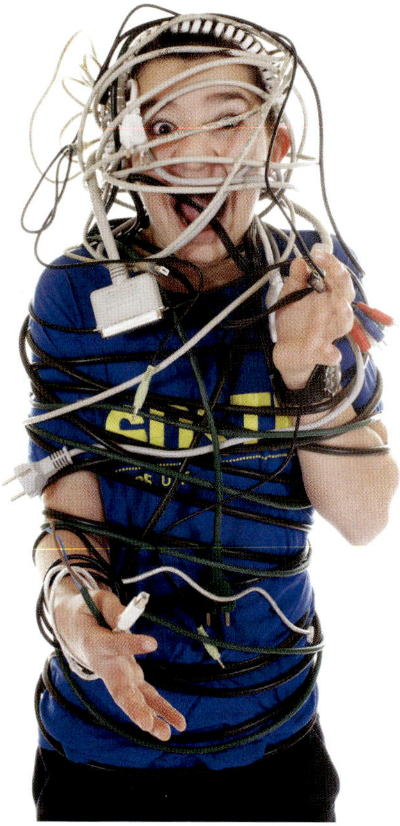

Todo lo que necesitas para tus filmaciones te cabe en el bolsillo del pantalón. Es un hecho. Para hacer películas de animación no es necesario que te montes un plató profesional. Lo que necesites, por supuesto, dependerá de la idea que tengas para la película. Pero estoy segura de que tienes muchas cosas en tu casa que te servirán.

En este capítulo, te revelaré qué dispositivos y qué materiales puedes utilizar.

DISPOSITIVOS PARA CAPTURAR IMÁGENES

Para hacer tu película de animación puedes utilizar cualquier aparato que te permita hacer fotos digitales. Puede ser una cámara digital, pero también un smartphone, una tableta o una webcam conectada a un ordenador. Como has podido comprobar al hacer la película de prueba, no necesitas ninguna función de vídeo.

Si tienes más de un dispositivo, comprueba primero cuál de ellos ofrece mejor calidad de imagen. Lo importante es la definición, que debería tener una calidad HD o full HD.

Es posible que ya hayas elegido un dispositivo en base a la calidad de la imagen. Si no lo has hecho, ahora te explicaré las posibilidades y ventajas de cada uno de los aparatos y de este modo podrás tomar la decisión que más te convenga.

Smartphone o tableta

Los dispositivos más adecuados para tomar fotografías son los smartphones o las tabletas. Puedes llevártelos a todas partes, y la calidad de imagen de los aparatos más nuevos es excelente.

Además, hay apps especiales de stop motion que incluyen todas las funciones importantes: tomar fotos, añadir los títulos de crédito, sonorizar la película con diálogos, sonidos y música, entre otras cosas.

El principio de las perlas para planchar

Cada fotografía está formada por puntos de color llamados píxeles. Cuando hay pocos puntos sobre una superficie grande, la imagen aparece borrosa y poco nítida.

Una definición HD corresponde a 1280 x 720 píxeles, y para full HD corresponde a 1920 x 1080 píxeles. Las siglas HD significan, por cierto, *High Definition*, o alta definición.

A ser posible, utiliza para hacer tus fotos la cámara de la parte de atrás del dispositivo, porque es la cámara principal. Así obtendrás, por lo general, imágenes de mayor definición y, por tanto, de mejor calidad. De hecho, sueles elegir esta cámara de manera automática, porque de otro modo tendrías que hacer un gesto muy incómodo para accionar la app y fotografiar del mismo lado.

Sin embargo, imagina que quieres tener un papel en tu película de animación. Seguro que querrías verte antes de darle al disparador, y por lo tanto usarías la cámara para hacer *selfies*. En tal caso, lo mejor será que compruebes la calidad de la cámara de la parte delantera.

Durante la filmación, tus dispositivos no deberían estar en línea. Tienes la ventaja de que puedes hacer tomas fuera de casa aun sin disponer de datos de móvil. Y en casa puedes desconectar el wifi, así no te llegará ningún WhatsApp mientras estás metido en la filmación o justo cuando se te ocurre una idea genial. Solo necesitarás conexión a Internet cuando quieras compartir el vídeo con otras personas o publicarlo en las redes.

Ordenador portátil o PC con webcam

Los portátiles ya vienen con una cámara integrada para que te puedas filmar mientras chateas o juegas en el ordenador. Quizá ya hayas usado Skype o Let's Play. Para nuestro objetivo, esta cámara resulta inútil, porque lo que queremos hacer es fotografiar nuestro set, que se encontrará al otro lado de nuestro portátil. Por esta razón, necesitarás una webcam que se conecte mediante cable USB.

Cuando compres una webcam deberás asegurarte de que tenga alta definición, para que tus películas tengan buena calidad al mostrarlas. Hay webcams con full HD a partir de unos 20 euros.

Además, necesitarás para tus fotogramas un software especial de stop motion. Con este software podrás ver en todo momento el estado de tu trabajo y dispondrás de una visión de conjunto del desarrollo general del proyecto. Pero ya hablaremos de esto más adelante.

El inconveniente es que no hay una selección demasiado grande para este tipo de software, sobre todo cuando uno no quiere gastar una fortuna. Puesto que casi todas las familias tienen (al menos) un smartphone o una tableta, y cada vez menos jóvenes como tú utilizan PC o portátiles, es lógico que no se desarrolle software de este tipo con tanta frecuencia.

Cuanto más rápido sea un ordenador, tanto más cómodo será trabajar en la película. Puesto que con la filmación y transmisión de los vídeos vas a necesitar mucha memoria, te recomiendo que utilices en lo posible un ordenador nuevo.

Cámara digital

Naturalmente, puedes realizar tu película de animación con una cámara réflex digital. Con estas cámaras hay muchos parámetros que puedes utilizar, y al final seguro que dispondrás de muchas imágenes geniales. Pero no es necesario. Con una cámara compacta alcanzas de sobra.

Piensa, no obstante, que vas a utilizar una tarjeta de mucha memoria, porque tu película se compondrá de muchísimos fotogramas.

Ejemplo de cálculo: si 10 fotografías producen un segundo de película, necesitarás 600 imágenes para un vídeo de un minuto. ¡Vas a tener que darle al disparador un montón de veces!

Lamentablemente, cuando trabajas con una cámara digital, no puedes reproducir la película mientras haces las fotografías. Lo que sí puedes hacer es pasar las fotos rápidamente. Muchas cámaras tienen una ruedecilla que puedes hacer girar a cierta velocidad. Así te harás una idea de qué aspecto tendrá tu película.

PROGRAMAS DE STOP MOTION

Tienes la posibilidad de hacer películas de animación con software especial de stop motion, o bien utilizar programas de edición de vídeo. Lo que tú elijas dependerá de si trabajas con un smartphone, una tableta, un portátil o una cámara digital. Has de saber, no obstante, que el software especial de stop motion es más sencillo de utilizar, pero casi siempre cuesta dinero.

Apps para smartphones o tabletas

La selección de apps para dispositivos móviles es muy amplia. Yo trabajo con Stop Motion Studio Pro. Esta app es muy sencilla de utilizar y existe para dispositivos iPhone, Android y Windows.

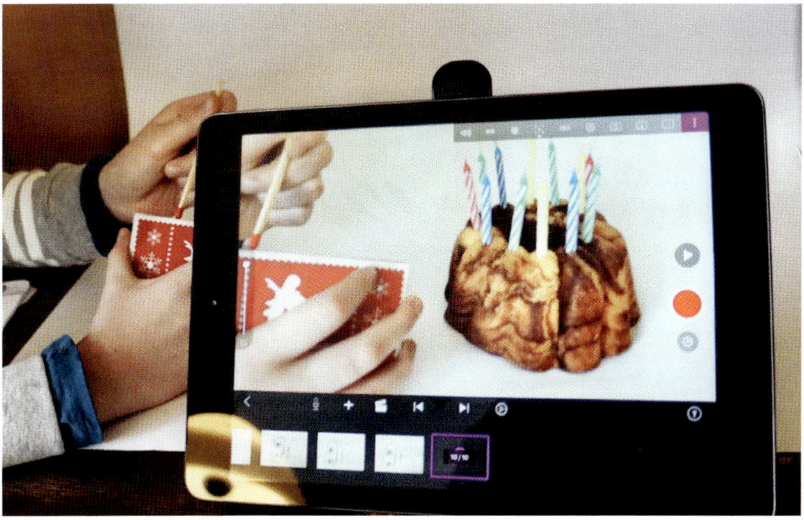

La versión básica gratuita «Stop Motion Studio» ofrece las funciones básicas más importantes para hacer una película de animación. La actualización cuesta una única vez cinco euros para Android y seis para iOS. Ofrece efectos de cómic, bocadillos de diálogo, títulos de crédito, música y efectos de sonido.

Software para portátiles o PC

Básicamente, puedes tomar imágenes con tu webcam y luego añadirlas al editor de un programa de edición de vídeo y editarlas. Puesto que hay buenos programas gratuitos de edición de vídeo, esta es una gran opción para obtener buenos resultados sin costes. Sin embargo, trabajar con estos programas es complicado.

Mucho más agradable es trabajar con un software especial de stop motion. Después de probar todas las opciones y ver que no me satisfacía ninguna solución gratuita, me decidí a comprar Animate It!, de Aardman, pero ten en cuenta que únicamente se encuentra en inglés.

Lamentablemente, el programa es caro. A cambio, ofrece muchas funciones. Puedes probarlo durante una semana sin cargo, y después no tienes obligación de comprarlo.

Software para filmar con cámara digital

Puesto que con una cámara digital solo puedes tomar fotografías, necesitarás un software para que al final puedas montar las imágenes. Este programa debería ofrecer la opción de añadir el título y los créditos, y al menos una pista sonora con música o efectos de sonido.

Hay varios programas gratuitos de edición de vídeo que tienen estas funciones. Yo trabajo con Shotcut, que se ofrece tanto para Windows como macOS. Es gratuito y está en español.

Por supuesto, también puedes usar iMovie o Windows MovieMaker si ya los tuvieras instalados en el ordenador. Puesto que Windows MovieMaker ya no se sigue haciendo, me he decidido por Shotcut.

ACCESORIOS

Es útil, aunque no obligatorio, disponer de un soporte, de un disparador remoto y de la posibilidad de grabar sonidos con una grabadora. Lo que es imperativo es una luz adecuada para iluminar tu set. Empecemos primero por el soporte.

Soporte

Cuando hiciste la película de prueba ya viste lo importante que era que la cámara no se moviera sin querer al tomar las fotos. Un soporte estable ayuda a evitarlo.

En las tiendas encontrarás muchos tipos diferentes de soporte. Pero no es necesario gastar dinero. Dispones de las siguientes opciones:

» **Los soportes de mesa son pequeños y compactos, y a menudo son plegables.** Los hay para cámaras digitales, tabletas y smartphones. En nuestro caso es importante que puedas ajustar el ángulo de inclinación.

  Con los soportes de mesa solo podrás fotografiar tu película por la parte de delante, no desde arriba.

» **Los soportes de cuello de cisne se fijan con un borne con tornillo a la mesa o a una caja de luz.** Con estos soportes puedes tomar fotos desde arriba o delante. Por lo tanto, son útiles para todas las técnicas de películas de animación.

Sin duda, deberás prestar atención y no tocar el soporte de cuello de cisne mientras estés filmando, porque se desajusta con facilidad.

» **Los trípodes ya los conoces, por la fotografía digital.** Para fijar una tableta o smartphone a un soporte de estos, necesitarás un adaptador adicional. Para utilizar el soporte para todas las técnicas de películas de animación, este debería tener una cabeza esférica que gire 360 grados. Esto te permitirá girar la cámara en todas las direcciones, hacia arriba y hacia abajo.

» **A menudo, la tableta puede sostenerse derecha con la funda.** ¿Tienes una funda así? Prueba si es suficientemente estable. Con la mía he tenido malas experiencias: la tableta se mueve con facilidad, por esto ya no utilizo estas fundas cuando tomo fotos.

» **También puedes construir tu propio soporte.** Esto es fácil y rápido con piezas de Lego, tarrinas de yogur, rollos de cartón, lápices o pinzas multiuso. En Internet hallarás un montón de trucos. Simplemente escribe en YouTube construir soporte smartphone o soporte tableta casero.

Cuando busques trucos para hacer los soportes, no olvides asegurarte de que el elemento de fijación sea lo suficientemente estable. El dispositivo no puede moverse en ninguna circunstancia.

Disparador remoto

Hay disparadores remotos para cámaras digitales y dispositivos móviles. En lugar de un mando a distancia clásico, puedes utilizar una app remota. La puedes instalar por ejemplo en tu smartphone, y desde este activar la función de tomar la fotografía en tu tableta.

La ventaja de un disparador remoto es que no has de tocar tu dispositivo para tomar las imágenes. Así, el riesgo de que se mueva el soporte es mucho menor.

También es útil cuando quieres filmar películas de animación pero el aparato no está a tu alcance. Imagina, por ejemplo, que quieres fotografiarte a ti mismo y necesitas disparar cuando estás saltando. El resultado es impactante. Parece como si estuvieras flotando en el aire. ¿Cómo disparar tu cámara? Si nadie puede hacerlo por ti, necesitarás un disparador remoto.

Iluminación

¿Has estado en un rodaje? ¿O has visto fotos de uno? Si es así, te habrás dado cuenta de la gran cantidad de focos que hay. En los rodajes, la iluminación es muy importante, y también lo es para nuestras fotos.

La luz ha de ser uniforme. Si filmas sin luz artificial y solo el sol ilumina tu set, entonces te darás cuenta más tarde de que en tu película aparecen unos efectos de luz muy molestos.

Puede que la luz centellee, como si condujeras por un túnel. Esto es así porque la luz del sol cambia constantemente y cada imagen estará iluminada de un modo distinto.

Puedes evitar esto oscureciendo la habitación e iluminando tu set con al menos dos lámparas de mesa. ¿Por qué dos? Porque así podrás colocarlas desde dos ángulos distintos y de este modo cancelarás las sombras.

Sonido

Puedes ponerle música a tu película de animación. Pero el resultado es aún mejor si añades efectos de sonido y diálogos. Alguien que golpea una puerta, el ruido del tráfico en la calle, o el crepitar de una hoguera…, todo esto hace que la película resulte más real.

Con los últimos smartphones y tabletas puedes crear efectos de sonido de calidad excelente. Normalmente, las apps adecuadas ya están instaladas en tu dispositivo.

Si no tuvieras un dispositivo móvil, también puedes utilizar una grabadora. La calidad de estos aparatos es muy buena, lo que ocurre es que cuestan mucho. Los equipos de grabación de audio más económicos son EasiSpeak, EasiSpeak Pro o H1 (de Zoom).

MATERIAL

Los materiales que necesitarás para tu película de animación los tienes ya en tu casa, o los puedes adquirir por poco dinero. Depende de ti lo que necesites para tu película. Hay ideas costosas e ideas económicas.

Para el set de rodaje

Para la creación del set y el decorado dispones de muchas opciones.

Con fondos de cartulina, madera o tela no te equivocarás: un fondo sencillo es normalmente un fondo excelente. Puedes montar el fondo directamente en una pared o, si no, te montas una pequeña caja de luz. Para esto corta una caja de cartón grande en la que falten la tapa y una pared lateral.

Los decorados los prefiero hacer yo. El poliestireno es un material aislante que funciona muy bien para estas cosas. Puedes recortar formas con un cúter, lijar las irregularidades, pintar las piezas y pegarlas según la necesidad.

En las ferreterías puedes encontrar planchas de poliestireno de diferente grosor y no cuestan demasiado. O quizá prefieras usar cartón o materiales reciclados o naturales para hacer tu decorado.

Por supuesto, también puedes dibujar el fondo. Para ello necesitarás un papel grueso y rígido, acuarelas, rotuladores o ceras y cola. Espero que tengas más talento que yo; el arte nunca ha sido mi fuerte. Por esto prefiero imprimir imágenes de Internet. Aunque debes tener cuidado al hacer esto; ya hablaremos de ello más adelante.

Para los personajes

La decisión que tomes para los personajes y objetos es a la vez una decisión respecto a la técnica que utilizarás para la película:

» **En un *brickfilm*, los actores de tu película son las figuritas de Lego.** *Brick* significa ladrillo en inglés.

  ¿Qué no tienes Lego? También puedes utilizar figuras de Playmobil, Minecraft o Super Mario que muevan los brazos y piernas.

» **Las películas con marionetas son uno de los géneros de animación más conocidos,** e incluye ejemplos como *Fantástico Sr. Fox*. Si dispones de tiempo y tienes talento y algo de dinero que invertir en material, preferirás construir tú las marionetas.

Proyecto 2 Lo que necesitarás

Otra opción es utilizar marionetas acabadas. Se prestan muy bien para las películas los maniquís articulados para bellas artes.

© S-Visual/shutterstock.com

» **Para la plastimación (*claymation*, en inglés) construirás tus personajes con plastilina.** ¿Has visto *La oveja Shaun* o alguna película de la saga *Wallace y Gromit*?

Si quieres trabajar como los profesionales, primero montarás un esqueleto de alambre. Así, tu figura tendrá una armadura interior que la hará más rígida y más fácil de mover. En cualquier caso, esto requiere un tiempo considerable, y necesitarás un alambre especial que sea flexible y rígido a la vez.

© lovedoodle/ shutterstock.com

» **Para una película de animación con recortes, o *cutout*, los personajes y objetos que necesites los colocarás sobre una mesa u otra superficie plana y «jugarás con ellos».** Esta técnica resulta especialmente buena para las películas explicativas. Puedes dibujar los personajes a mano o buscarlos en Internet e imprimirlos.

Además, puedes utilizar cualquier objeto que permita ser fotografiado desde arriba, como letras de goma, monedas, arena, Smarties, arroz, etc. Una mezcla de materiales puede hacer que tu película resulte muy interesante.

» **La técnica de la pizarra blanca requiere talento a la hora de dibujar,** porque lo que harás será dibujar con rotuladores borrables.

¿Que no tienes una pizarra blanca? La tiza, ya sea en pizarra normal o afuera en la calle, es una opción estupenda.

» **La opción que requiere menos material es la pixilación,** porque tú serás el protagonista de tu película.

Deberás mantener la posición para cada fotograma. Y para esta técnica necesitarás, sin falta, un soporte.

Para la animación

La animación es la acción de otorgar vida, y esta, en cine, por lo general, gira en torno al movimiento. Para dar vida a los objetos o animar personajes, deberías conseguir un par de cosas adicionales:

» **Hilo transparente que te ayudará a conseguir el efecto de un objeto volando o que dejas caer.**

» **Con encuadernadores metálicos puedes juntar los brazos y piernas al cuerpo de una figura** que tú hayas hecho, como si fuera un títere. En el siguiente capítulo te daré más información.

» **Las películas adhesivas de plástico transparente se prestan perfectamente para la animación de fondos.** Se pegan sin cola sobre superficies lisas como papel o madera lacada.

También puedes dibujar unas nubes con rotulador permanente sobre la película y recortarlas. Haz que se desplacen por el fondo azul del cielo.

» **Puedes animar el título de tu película con letras ya hechas que vayan apareciendo en la pantalla.** Para esto son muy útiles las letras de goma o de galleta.

También puedes formar letras con Smarties, aunque resulte más laborioso.

O tienes la opción de crear el título escribiéndolo letra a letra.

PROYECTO 3
Aprende de los profesionales

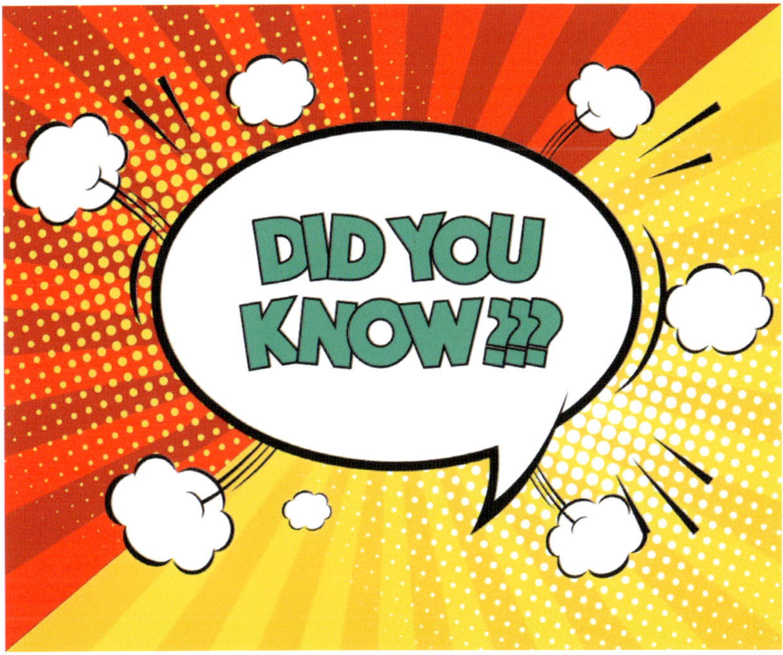

© VicW/shutterstock.com

¿Ya tienes una idea genial para tu película y lo que quieres es empezar ya? Estupendo, pero ten un poco de paciencia, aún hay un par de cosas que deberías saber para que tu película sea aún mejor. En este capítulo aprenderás cómo quedará mejor la animación de tus personajes y objetos, qué efectos especiales realzarán tu película y qué posiciones de la cámara existen.

También deberías saber qué leyes debes cumplir. Sería tonto que al final tuvieras que descartar tu idea para la película porque en el lugar donde quieres filmar no se permite hacerlo, o que no puedas publicar tu obra acabada porque no has pagado los derechos para utilizar la música de fondo.

QUÉ IMPORTA EN LA ANIMACIÓN

Tú mismo ya lo has probado… En la técnica de stop motion disparas una serie de fotografías y logras así movimiento.

Para que este sea fluido y natural, dispones de algunos trucos.

Movimiento natural

Antes de elegir o elaborar tus personajes, deberías pensar en cómo se van a mover en la película. Planifica exactamente en qué puntos necesitan articulaciones.

Si unes las piezas con pasadores de encuadernación metálicos, entonces asegúrate de que cada pieza se solape un poco. De otro modo, al moverse el personaje, se verían los bordes o incluso los huecos.

Cuantas más piezas movibles tengan tus personajes, mayor precisión conseguirás en el desarrollo de los movimientos. Sin embargo, debes tener en cuenta que quizá tendrás que hacer muchas tomas y que eso requerirá tiempo.

Cuanto más fluida deba ser tu animación, tantos más fotogramas necesitarás para un segundo de película. Los profesionales hablan de imágenes, fotogramas o frames (cuadros), por segundo (fps).

Si quieres que algo se mueva con mayor rapidez, deberás desplazar el objeto o el personaje a mayor distancia entre disparo y disparo. Cuanto menos varíes la posición, más lento parecerá el movimiento.

En muchos casos, el movimiento parecerá más natural si no progresa de manera uniforme. Haz que parezca como en la vida real. Cuando corres a la parada del autobús, nunca avanzas en cada punto a la misma velocidad. Crea en tu película aceleraciones y desaceleraciones variando la distancia de los tramos sobre los que se desplazan los objetos o personajes.

No cambies demasiado rápidamente la posición de tus personajes u objetos para evitar que haya saltos.

Expresión natural

Puedes hacer que tus personajes parezcan mucho más naturales cambiándoles la expresión de la cara.

Crea diferentes ojos para los personajes. Puedes hacer, por ejemplo, que expresen furia, sorpresa, alegría o bien censura. Piensa también que, cuando pestañeamos, cerramos los ojos completamente.

En las películas de animación con recortes, colocarás los ojos adecuados encima de la figura, mientras que en la técnica de la plastimación los irás reemplazando.

Puedes hacer lo mismo con la boca. Haz que el personaje exprese sus sentimientos haciendo que hable, ría o haga mohines.

Cuando la expresión entera cambie o el personaje se vea de perfil, a menudo es más sencillo cambiar la cabeza entera.

También los objetos que animes pueden adoptar diversas formas. Una pelota parecerá más realista si en el momento del rebote no conserva su forma redonda. Haz que parezca un poco rechoncha en cuanto toque el suelo… un poco como un huevo.

Tu película será incluso mejor si no solo animas los personajes y objetos, sino también el decorado. Puedes mover las olas del mar, desplazar las nubes en el cielo, o apagar las luces de una casa si en tu película se está haciendo de noche. A menudo sucede que uno se olvida del decorado cuando se centra en la historia. Por esto, planifica la animación del decorado en las fases previas.

Efectos especiales

Con la técnica de stop motion puedes crear unos efectos impresionantes que con la grabación convencional en vídeo solo podrías lograr con la ayuda de retoques complicados con apps especiales o con cámaras muy caras. Pilla tu cámara, elige un personaje y prueba los efectos directamente.

Efecto de tiempo

Quizá ya conozcas el efecto de tiempo bala de los videojuegos o las películas de acción. Recibe el nombre de una escena de la película *Matrix*: un trávelin de 360 grados muestra a Keanu Reeves, en el papel de Neo, congelado en pleno movimiento, rodeado de balas que pasan a su lado.

El nombre del efecto es un poco engañoso porque también recibe este nombre, aunque no haya balas de por medio. Consiste en hacer que momentos que suceden rápidamente sean perfectamente visibles. Se puede emplear el efecto de tiempo bala sobre todo cuando quieres darle al espectador la opción de ver lo que ocurre tranquilamente desde todos los puntos de vista. Para imitar un trávelin de 360 grados, o bien mueves la cámara, o bien el set.

Empecemos por la cámara:

1. **Coloca el personaje encima de una mesa, preferiblemente en una postura insólita.**
2. **Marca un círculo alrededor del personaje para que siempre lo fotografíes desde la misma distancia.**
3. **Toma la primera foto.**
4. **Desplaza la cámara a lo largo del círculo y toma la siguiente fotografía.**
5. **Continúa del mismo modo hasta que vuelvas al punto donde tomaste la primera foto.**

   Así habrás grabado tu primer efecto de tiempo bala.

Prosigamos. Deja la cámara donde está.

1 **Gira el personaje sobre su propio eje y toma en cada giro una foto.**

Ahora mira la secuencia de fotografías. ¿Puedes imaginar lo espectacular que queda el efecto cuando interrumpe una escena emocionante y llena de acción?

Si resulta que en la primera secuencia ves la marca del círculo, tendrás que pensar en cómo hacer que el espectador no la vea. Quizá puedas disimular el círculo con un estampado sobre el suelo del decorado, o bien dibujarlo muy flojito para que no se perciba en los fotogramas.

Cuando mires la segunda secuencia de fotografías te darás cuenta de que no es coherente porque el fondo no se mueve con el personaje. De modo que solo puedes imitar un trávelin de 360 grados si mueves el set junto con el personaje. Esto funciona, por ejemplo, en un *brickfilm*, donde colocas los personajes y objetos sobre una placa de Lego y el fondo es de un solo color. Así podrás girar fácilmente la placa.

Teletransporte

El teletransporte es realmente sencillo en las películas realizadas con stop motion.

1 **Coloca el personaje delante del fondo que hayas elegido.**

2 **Toma una serie corta de fotografías.**

3 **Saca el personaje.**

4 **Vuelve a darle al disparador.**

Así solo fotografiarás el fondo.

5 **Elige un segundo decorado, coloca la cámara y vuelve a tomar unas fotos.**

6 Ahora coloca el personaje en este decorado y continúa fotografiando.

Con un programa de stop motion le podrías dar los últimos toques a la escena: en el momento del teletransporte puedes añadir efectos digitales como un zumbido.

Volar, flotar, saltar

¿Qué tienen en común los pájaros, los ángeles y Superman? Seguro que lo has adivinado.

Si lo que quieres es que los personajes de tu película se muevan por el aire, la dificultad yace en cómo conseguir que no se vea tu mano. En las películas filmadas desde arriba sobre una superficie plana, eso no es un problema. Pero ¿cómo mantener una figura de Lego flotando por encima del suelo?

La manera más sencilla de que los objetos o personajes vuelen, floten o salten es usar un hilo transparente. Si lo tienes a mano, pruébalo directamente. Fija dos hilos a la figura, de este modo podrás variar los movimientos en el aire.

Cuando hayas tomado algunas fotografías, míralas y comprueba si el truco funciona. Repite las tomas con diferentes fondos y cambiando la iluminación. Anota qué es lo que funciona mejor.

En Internet encontrarás instrucciones para conseguir el mismo efecto mediante la edición de las imágenes. Así no tendrás que preocuparte de si el hilo se ve o no. Sin embargo, necesitarás planificar más tiempo para el proyecto.

Deslizarse

Tanto si te fotografías tú como si fotografías a otros, puedes hacer que te desplaces de un sitio a otro sin dar un paso. Funciona así:

1. **Haz una pose graciosa y dale al disparador.**
2. **Da un paso adelante y colócate en la misma posición de antes. Fotografíate.**
3. **Repite lo mismo varias veces e introduce un obstáculo, como una escalera.**

Cuando veas la secuencia parecerá que te deslizas por la habitación como por arte de magia.

Puedes realizar el truco sentado o echado, e incluir objetos como una silla, una *longboard* (o tabla larga) o un coche Bobby Car para niños.

Es mucho más sencillo hacer este truco con otras personas. Prueba con tus amigos. Seguro que os reiréis un montón.

CÓMO CONSEGUIR BUENAS FOTOS

En lo que a la fotografía se refiere, está permitido todo lo que a ti te guste. Sin embargo, quiero darte unos cuantos consejos y trucos sencillos que te ayudarán a hacer fotos especialmente buenas. ¿Tienes la cámara y un personaje a mano? Pues vamos a empezar.

La regla de los tercios

La regla de los tercios, también llamada a menudo la regla de los dos tercios, es quizá la máxima más conocida de la composición de imágenes.

1 **Divide mentalmente la imagen que ves en tu pantalla en nueve partes iguales, cruzando dos líneas verticales con dos horizontales.**

Coloca el personaje, enciende la cámara e intenta imaginarte las líneas.

© Pazargic Liviu/shutterstock.com

No coloques el personaje en el centro de la imagen. Suele resultar aburrido.

2 Observa qué pasa si dispones el personaje en una de las intersecciones o cerca de ellas.

En el ejemplo, la niña se ha colocado sobre una de las intersecciones.

¿Qué tal han salido tus fotografías? Experimenta con otros objetos y personajes para intuir la mejor ubicación.

Encuadre

El encuadre no es otra cosa que el plano de una película. Para cambiar el encuadre o bien acercas la cámara al objeto de tu película o bien la alejas.

Cada encuadre tiene un impacto concreto. Deberías pensar exactamente el encuadre que quieres. Al elegir el plano que encaje con el argumento, conducirás la atención del espectador a donde tú quieras. Así es como controlarás lo que percibirá.

Los diferentes encuadres hacen que la película sea rica y variada. Imagina lo monótona que sería si, al rodarla, cada plano estuviera filmado desde la misma distancia.

Prueba directamente el impacto de cada encuadre distinto. Seguro que sigues teniendo tu personaje a mano… Cámara y… ¡acción!

Plano general

En el plano general verás el set entero. Los personajes son reconocibles, pero la cámara está alejada.

El plano general ofrece al espectador una visión de conjunto y es el encuadre ideal para el principio de tu película.

© Mila Basenko/shutterstock.com

CONSEJO

Vigila que no haya nada en primer plano, si no harás que la atención del espectador se dirija a ello.

Plano entero

El plano entero, por lo general, muestra los personajes de la cabeza a los pies.

© Mila Basenko/shutterstock.com

El entorno tiene una importancia menor en el plano entero. En el centro es donde tiene lugar la acción de tu película.

El plano entero es, por ejemplo, el encuadre perfecto para el efecto de tiempo bala.

Plano medio

El plano medio muestra tus personajes de la cadera a la cabeza.

En el plano medio vemos también a nuestro interlocutor cuando hablamos con alguien. En este encuadre, la persona está delante. Si lo que quieres es que el espectador dirija su atención a lo que haga o diga tu personaje, entonces elige el plano medio.

Primer plano

En el primer plano, también llamado *close-up*, el espectador ve una cara o un objeto muy de cerca. *Close*, por cierto, significa en este caso «cerca».

Utilizarás el primer plano cuando trates temas de sentimientos de tu personaje o cuando quieras mostrar un detalle importante.

CONSEJO

En las próximas películas que veas, fíjate en los encuadres. La mayoría de las veces ni te percatas. Te sorprenderá la cantidad de veces que se cambia de plano. Piensa en las razones del realizador de la película para elegir uno u otro encuadre. Esto te ayudará en la planificación de tus propias películas.

Combinación de encuadres

Piensa bien en lo que quieres hacer cuando cambies de encuadres. No combines planos que sean demasiado parecidos. No obstante, los cambios tampoco deberían ser demasiado bruscos.

Imagina que estás mostrando a un grupo de personas en un plano general y que cambias de repente al primer plano de unos aterrorizados ojos abiertos como platos. ¡Sin duda vas a conseguir asustar a tus espectadores!

Perspectiva

Elegir la perspectiva consiste en preguntarse desde qué ángulo vamos a fotografiar a un personaje u objeto. Puedes fotografiar desde delante, desde arriba o desde abajo. Dependiendo de cómo inclines la cámara, obtendrás un resultado u otro.

Lo mejor es probar antes de seguir leyendo. Fotografía tu personaje desde diferentes ángulos. ¿Cómo influye la perspectiva en la imagen? ¿Qué efecto tiene el personaje en ti?

Normal

La mayor parte de la filmación de tu película la realizarás desde una perspectiva normal. La cámara no estará inclinada, sino derecha.

© Blanscape/shutterstock.com

El espectador se halla a la altura de los ojos de los personajes de tu película. Los objetos y figuras de la imagen no están deformados.

Contrapicado

Cuando utilices el contrapicado, fotografiarás los objetos y los personajes desde abajo.

© Kira_Yan/shutterstock.com

Desde este ángulo, los personajes parecen más grandes. También elegirás el contrapicado cuando quieras que algo aparente ser amenazador, fuerte o poderoso. Puede ser Superman, por ejemplo, que aparece como salvador en medio del peligro; o un libro a punto de caer de una estantería; o un perro que deba inspirar miedo.

Picado

Con el ángulo picado, que también puede llamarse perspectiva aérea, obtienes el resultado contrario. Fotografías de arriba abajo. El espectador observa a los personajes u objetos desde arriba.

El picado se presta para escenas en que algo deba parecer pequeño, indefenso o inferior. Puedes elegir este punto de vista cuando, por ejemplo, una familia adopta un perro o un profesor regaña a un alumno.

CUIDADO CON LOS DERECHOS

Cuando realices tu primera película, es imprescindible que no olvides que no siempre puedes filmar en todas partes y que, la mayoría de las veces, las imágenes, la música y los sonidos que encuentras en Internet no están disponibles de manera gratuita. Las normativas que debes conocer son los derechos del propietario, el derecho a la propia imagen y los derechos de autor.

Derechos del propietario

El derecho del propietario lo tienen todas las personas que pueden decidir sobre el uso de los espacios o terrenos. Normalmente, se refiere a los propietarios e inquilinos. Tienen derecho a proteger su propiedad o su esfera privada.

De modo que, si quieres filmar en un edificio privado o en un terreno privado, necesitarás la aprobación de las personas con derechos del propietario. Necesitarás un permiso de rodaje, por ejemplo, en una casa privada, pero también en estaciones, tiendas, pistas de patinaje, museos, autobuses o trenes.

En el caso de casas privadas o de terrenos, normalmente es suficiente si le pides permiso al dueño para rodar. No obstante, si quieres ir sobre seguro, deberías obtener un permiso para rodar por escrito.

En los llamados «espacios públicos» no necesitas normalmente permiso para rodar. Los espacios públicos son zonas peatonales, parques o zonas verdes, cementerios o plazas.

Tampoco debes pedirle permiso al dueño de un edificio privado si en una toma aparece la fachada de su casa, siempre y cuando hagas las fotos desde un lugar público cercano. Esto se conoce como libertad de panorama y está regulado por los derechos de autor. Por cierto, es por esta razón que Google Street View puede fotografiar tu casa desde afuera.

Pero cuidado, la excepción confirma la regla. De modo que, si no estás seguro, pregunta. El espacio público no es una zona sin leyes. Los lugares públicos están a disposición de todos para unos fines concretos. Por ejemplo, las calles son para el tráfico y los parques para el disfrute.

Si tu filmación tiene un coste más alto, si involucra a un equipo con varias personas y si estorbáis en la calle o en el parque, necesitaréis de todas formas un permiso para rodar.

Derecho a la propia imagen

Cuando tu plan es fotografiar a otras personas, o si en el fondo de tu filmación se ven personas, deberías pedirles sin falta su permiso. Toda persona tiene «derecho a la propia imagen». Las personas filmadas también deben estar de acuerdo con que más adelante publiques su imagen. Si son menores de dieciocho años, entonces sus padres deberán dar su consentimiento.

Lo importante es que no solo preguntes «si», sino también «para qué». Las personas filmadas deben saber dónde publicarás tu filmación y si tienes un objetivo concreto.

Las leyes no te obligan a que solicites el consentimiento por escrito. También sirve una confirmación oral. Si, a pesar de todo, quieres un acuerdo por escrito, busca en Internet un «modelo de acuerdo de publicación». Encontrarás muchos modelos que se ajustarán a tus objetivos.

Derechos de autor

Una vez hayas hecho una película, tú eres su autor y solo tú puedes decidir qué hacer con ella. Incluso si la publicas en Internet, los derechos siguen siendo tuyos. Nadie puede usar tu película, ni editarla, sin que tú hayas dado tu consentimiento.

Lo mismo sucede a la inversa. Cuando encuentras música o imágenes en Internet, no puedes utilizarlas simplemente porque nada indica que no puedas. Las obras que no llevan el signo de copyright también están protegidas. El hecho de que puedas bajarte algo de Internet no significa que tengas permiso para hacerlo.

No todo lo técnicamente posible está permitido.

Los derechos de autor protegen obras literarias, científicas y artísticas, específicamente textos y libros, software y apps, música y sonidos, obras de arte y películas.

El propietario de los derechos, es decir, el creador, puede decidir quién puede utilizar su obra y según qué condiciones. Puede decidir, por ejemplo, si quiere obtener dinero a cambio del uso, si debe citarse su nombre en una de las utilizaciones, o si permite modificar su obra.

Si ya has escrito una historia, has tomado fotos o has filmado una película, ya sabes cuánto trabajo y creatividad ha habido en la realización de tu proyecto. Sin duda, podrás entender que otros fotógrafos o músicos no se alegren si utilizas sus fotografías o música sin más.

Si publicas en Internet películas en las que utilizas fotografías o música de otros sin permiso, te podrían poner una multa por infracción de los derechos de autor.

Si grabas tú mismo todos los sonidos y música de fondo de tu película, y dibujas o creas los personajes y los fondos sin basarte en modelos, tendrás la seguridad de no infringir los derechos de autor y podrás publicar tu película sin preocuparte.

La buena noticia es que existen muchas obras que puedes utilizar sin pagar nada. Esto es genial para los que hacemos películas de animación, porque hay sonidos e imágenes que no podemos conseguir con facilidad, como por ejemplo, el rugido de un león. Por tanto, si necesitas una imagen o sonido concretos, deberías buscar en Internet aquellos que dispongan de licencia Creative Commons.

Las condiciones Creative Commons

Todo creador puede poner su obra a disposición del público bajo licencia Creative Commons y al mismo tiempo exigir unas condiciones para su uso. Para que los posibles usuarios reconozcan y clasifiquen rápidamente las condiciones, existe para cada condición un símbolo. Parece más complicado de lo que realmente es, así que te lo explicaré con un ejemplo.

Un fotógrafo aficionado toma una foto de un paisaje espectacular. Quiere ponerla a disposición de los demás en la plataforma Flickr para conseguir que le conozcan. Quizá así su afición pueda convertirse en su oficio.

Por esta razón decide publicar su foto con una licencia Creative Commons y busca en el kit de licencias de la Organización Creative Commons las condiciones para el uso de su imagen que a él le importan:

Puesto que el fotógrafo quiere que le conozcan, quiere que se mencione su nombre. Se alegra al descubrir que esta condición es automática según la licencia Creative Commons. El pictograma de Creative Commons que muestra una persona indica que el usuario debe nombrar al autor.

El fotógrafo reflexiona sobre si quiere que otras personas modifiquen o no su obra. Le intriga lo que otros harán con ella, y por eso no quiere prohibir su tratamiento posterior. Decide pues que no usará el símbolo que indica que la foto debe utilizarse exactamente igual que como la ofrece el fotógrafo.

Pero ¿y si alguien quiere utilizar la foto como tema para una postal y así ganar dinero? Eso no sería justo, y el fotógrafo se decide por prohibir la utilización comercial.

Por supuesto, el fotógrafo quiere que la nueva versión de su fotografía se divulgue bajo las mismas condiciones establecidas por él. La nueva foto también ha de poder modificarse y nadie puede ganar dinero con ella. Para que esto se cumpla, elige por último el símbolo que indica que la foto modificada debe pasar con la misma licencia Creative Commons.

La fotografía del paisaje ya puede ser descargada de la plataforma Flickr. Junto a la imagen se puede ver la combinación de todos los símbolos elegidos.

Seguro que te preguntarás cómo conseguir imágenes, sonidos y música que se ofrezcan bajo la licencia Creative Commons.

El camino más sencillo es la función de búsqueda en el sitio web de Creative Commons. Si buscas en search.creativecommons.org, encontrarás música, vídeos, fotos, clips art y textos. Introduce un término y marca si quieres modificar las obras o las quieres utilizar con fines comerciales (es decir, si quieres ganar dinero). Finalmente, debes decidir en qué plataforma buscar. Hay por ejemplo YouTube, la búsqueda de imágenes Google Images, Flickr o Wikimedia Commons.

Mis sitios favoritos para contenido con licencia Creative Commons son www.freemusicarchive.org *para música y* www.freesound.org *para sonidos. Has de buscar estos sitios directamente en tu navegador. Hasta la fecha, no se han incluido en la página de Creative Commons.*

Introduce tus búsquedas en inglés, porque así obtendrás más resultados. Si no dominas el inglés, puedes usar diccionarios en línea, como www.wordreference.com

¡Pero ojo! Si utilizas obras con licencia Creative Commons, deberás dar el nombre del creador y otra información como el título de la imagen, la fuente y el enlace a la licencia Creative Commons.

Menos mal que, además de las licencias Creative Commons que acabas de conocer, hay una autorización más: la licencia CC0. El cero significa «cero condiciones». Si utilizas obras con este símbolo, no necesitas observar ninguna norma. Cuando veas CC0, ¡te habrá tocado la lotería!

Todas las fotografías en www.pixaway.com *tienen licencia CC0. Puedes bajar las fotos, que son de buena calidad, aunque deberás registrarte. Habla con tus padres. Y no te preocupes, no hay costes ocultos.*

PROYECTO 4
Tu idea para la película

© Besjunior/shutterstock.com

Y ahora empieza la cosa en serio. Ya has probado y aprendido muchas cosas y estás listo para tu primera película de animación en stop motion. Este capítulo te ayudará a encontrar una idea genial y a hacer que de ella surja una historia. Porque lo que siempre es verdad es que tras una buena película hay una buena idea.

EN EL PRINCIPIO FUE LA IDEA

A lo mejor eres de las personas que se activan cuando tienen ideas geniales y ya tienes en la cabeza una historia para tu película. O quizá eres como yo y como la mayoría de la gente y te sientas a cavilar delante de una hoja en blanco mientras el genio de la creatividad se hace esperar. Justo por tener demasiadas opciones puede uno tener dificultades para decidirse.

Por esto, mi consejo es el siguiente: empieza con algo pequeño. No necesitas escribir el guion entero en el papel. Ve paso a paso. Desarrollar una historia requiere tiempo.

1 ¡Déjate inspirar!

Mira vídeos en stop motion en Internet. Para esto quiero recomendarte sin falta Vimeo. Los vídeos de esta plataforma son claramente más artísticos y están mejor hechos que la mayoría que puedas encontrar en YouTube. El lema de Vimeo podría ser: «Calidad por encima de popularidad». Bajo la búsqueda «stop motion» obtendrás tantos resultados que jamás podrás mirarte todos los vídeos.

Recopila ideas, pero ten cuidado de que no te limiten, ni a ti ni tu fantasía. Utiliza los vídeos como generadores de ideas, para plantearte qué es posible, y desarrolla luego tu propia película.

Cuando investigo, tomo notas siempre que veo algo que me gustaría probar. No se trata de emular la historia entera, sino de darse cuenta de detalles como un objeto concreto o una posición de cámara poco usual.

Cuando finalmente estudio mi colección de ideas, desecho todo lo que no puedo lograr porque, por ejemplo, me faltan dispositivos o porque requiere demasiado material. Al final, me quedo con una selección pequeña, pero buena, que me ayudará en el siguiente paso.

2 **Determina el set, los personajes y el tema.**

Recopila ideas para el set. ¿Dónde tiene lugar tu película? ¿Cuándo? ¿En el pasado, el presente o el futuro?

Recopila ideas para los personajes: ¿quién participa en la película?, ¿personas reales o personajes elaborados?, ¿quién es el personaje principal, o sea, el protagonista? No es preciso que tengas pensadas ya todas las características de este personaje. Determina primero un rasgo especial: ¿es el protagonista quizá un robot procedente del futuro?, ¿un disc jockey de éxito?, ¿o un gato solitario?

Recopila ideas para el tema: ¿tiene el protagonista una meta que deba alcanzar?, ¿o tiene problemas que deba resolver?

3 **Adorna la idea básica.**

Utiliza la técnica del *brainstorming*: escribe de manera espontánea todo lo que se te ocurra sobre los elementos básicos: set, protagonistas y tema.

Consejos para encontrar ideas

Y si sigues perplejo delante de la hoja de papel, se te podría ocurrir algo…

- *eligiendo un tema que te interese en este momento. Ya sabes, la pasión se contagia.*
- *pensando en refranes. ¿Qué pasaría si a camarón que se duerme se lo llevara la corriente? ¿O si un perro ladrador fuera poco mordedor?*
- *escuchando una canción o leyendo un poema.*
- *buscando una noticia singular en el periódico.*
- *utilizando la app* «Story Dice» *con la que puedes tirar hasta diez dados digitales. Dispones además de algunos temas adicionales como* «Misterio» *o* «Star Wars».

Puedes ordenar los distintos símbolos que te salgan para desarrollar así una historia. O quizá uno de los símbolos te conduzca a tu personaje principal, set o tema.

ASÍ PASARÁS DE LA IDEA A LA HISTORIA

Felicidades, ya has dado un paso más. Tu idea para la película se sostiene, de modo que has superado uno de los momentos más complicados, pero también más emocionantes.

Ahora puedes desarrollar la historia.

1 **Decide primero un género cinematográfico.**

En la siguiente página encontrarás una lista de los diferentes géneros de cine. El género no consiste en el contenido de la película sino en cómo relatar la historia; es decir, el estilo. Tu idea, sin duda, la puedes escenificar de muchísimas maneras.

ADVERTENCIA

Siempre que pienses en el género, te acordarás de un largometraje o de un éxito de taquilla. Pero has de tener en cuenta que vas a realizar una película muy corta.

2 **Dale estructura a tu idea.**

Por lo general, una película debería tener tres fases para que sea inteligible e interesante para el espectador: planteamiento, desarrollo (o nudo) y desenlace. Esto no es nuevo. También las obras de teatro se montan sobre esta base.

El **planteamiento** sirve para presentar los escenarios importantes y los personajes principales. Puedes mostrar a los protagonistas en una situación cotidiana. Un suceso esbozará un problema y conducirá al desarrollo.

El **desarrollo** consiste en un suceso concreto, por ejemplo, una pelea. En el punto sin retorno, se agudiza el conflicto. Tus personajes se ven involucrados en una situación complicada y aparentemente sin salida. Toda esperanza de solución parece perdida.

Géneros cinematográficos

- *Aventuras*. Las películas de aventuras son, por ejemplo, las de piratas, ladrones o caballeros. Tienen lugar en sitios caóticos, los escenarios cambian a menudo (y con ellos también tus decorados). El personaje principal es un héroe que supera una aventura. Pasa de una situación imprevisible a otra y a menudo se ve involucrado en peleas o persecuciones espectaculares. Al final, resuelve su cometido sin problemas.
- *Acción*. Similar al de aventuras, el cine de acción suele tener lugar en un mundo tecnológico donde el héroe protagonista debe vencer a un malvado. La historia no es demasiado complicada. En el nudo se desarrollan persecuciones emocionantes y escenas de peleas muy dramáticas. Las escenas peligrosas y los efectos especiales no deben faltar, por supuesto. Al final, vence el bien.
- *Fantasía*. Estas películas nacen, como dice su nombre, de la fantasía. Dispones de total libertad a la hora de elegir escenarios y personajes, y no debes regirte por la lógica del mundo real. Los protagonistas pueden ser magos, elfos, duendes, druidas, orcos u otros seres fabulosos. Normalmente se desarrollan en entornos donde la tecnología moderna no desempeña ningún papel.
- *Comedia*. La meta de las comedias es no poder aguantar la risa. Ya existían en la época del cine mudo; por ejemplo, piensa en Charlie Chaplin. En las comedias, la debilidad humana es ridiculizada de las más diversas maneras.
- *Cine negro*. El cine negro consiste en el esclarecimiento de un delito. Aquí también tiene lugar una lucha emocionante entre el bien (el detective o policía) y el mal (el delincuente), mientras que el espectador no sabe, a menudo durante mucho tiempo, quién es el malo, y la lucha no se da siempre con armas.

- *Ciencia ficción*. Seguramente estarás pensando en robots, naves espaciales y alienígenas. La mayoría de las películas de ciencia ficción tiene lugar en el futuro. El espectador se sumerge en un mundo marcado por el encuentro con seres extraterrestres y avances tecnológicos.
- *Oeste*. Las películas del oeste o de vaqueros suceden en el siglo XIX en el Salvaje Oeste de Norteamérica. Se muestra de un modo intrigante y entretenido cómo los colonos blancos avanzan hacia el oeste del continente. Junto a rancheros hay buscadores de oro, *sheriffs*, vaqueros e indios. Es muy típico de una película del oeste que haya duelos de pistolas bajo el sol abrasador del mediodía en una calle polvorienta; o una persecución a caballo por un paisaje desértico. Y, hablando de paisaje, para un decorado del oeste necesitarás fotografías impactantes de barrancos profundos o de extensas estepas.

En el **desenlace**, tus personajes se enfrentarán a su gran desafío final. Tendrá lugar un sorprendente giro que al final resolverá el problema.

Toma notas de lo que pasará en las tres fases de tu historia.

3 Piensa en cómo generar tensión.

Una historia que se desarrolle de forma lineal, es decir, que no incluya saltos al pasado o al futuro, se hace rápidamente aburrida. Tus espectadores no deben adivinar por el título ni ya en el planteamiento lo que ocurrirá al final.

¿Qué giro debería tomar de repente tu película? ¿Cuál es el momento más emocionante? Mira tus notas otra vez.

Explica tu historia a tus amigos y pregúntales qué opinan. Así determinarás si tiene puntos flacos. Seguro que tus amigos te darán buenos consejos.

PROYECTO 5
Preparativos

© Zamurovic Photography/shutterstock.com

Ya ha llegado el momento. Esta es la línea de salida. Con ayuda de tus notas, escribe el guion y confecciona los decorados y personajes. En este capítulo aprenderás a hacer todo esto y te enterarás de qué te puede servir de ayuda.

GUION Y *STORYBOARD*

ADVERTENCIA

Si tu película solo relata una idea chistosa y no una historia, no necesitarás ni guion ni storyboard. *Puede ser suficiente que anotes los puntos principales como palabras clave.*

No dejes nada al azar

El guion es tu película por escrito. En el guion establecerás con exactitud qué ocurre en la película y cuándo ocurre. Aquí planificarás qué se ha de ver, quién dice qué, y qué sonidos deberán oírse. Un guion es muy importante en un largometraje de trama compleja. Te ayudará a no olvidar nada y a tener una visión de conjunto en todo momento del rodaje.

Redacta tu guion. Cuando escribas, recuerda cómo explicaste la historia a tus amigos. Seguro que solo describiste los sucesos más importantes. Hazlo igual. No es necesario escribir una novela.

Lo mejor es que coloques una hoja DIN-A4 horizontal sobre la mesa y traces una tabla con ocho columnas. Vamos a hablar de cada una de ellas, y empezaremos por la columna 1.

1 **Escena.**

Una escena es una serie de fotogramas que van estrechamente unidos. El escenario y el tiempo nunca varían. Aunque sí es posible cambiar el encuadre. Piensa en qué escenas se divide tu película y numéralas.

2 Trama.

Describe lo que ocurre en cada escena mediante puntos clave. Probablemente necesites para una escena varios renglones, pero anota solo la acción y los sucesos decisivos.

3 Encuadre y perspectiva.

Piensa qué encuadre encaja con la trama. Toma nota de qué perspectivas quieres utilizar.

4 Diálogo.

Formula qué dirán tus personajes en las escenas. Deja que las imágenes expliquen la mayor parte de la trama. Tus protagonistas solo deberían hablar si las imágenes no lo explican todo. Aquí, tu lema es: cuanto menos, mejor.

5 Sonido.

Planifica qué sonidos quieres agregar en momentos concretos. Los sonidos adecuados hacen que tu película parezca más real.

A veces, incluso son imprescindibles para hacer que la trama sea inteligible. El timbre de un teléfono, por ejemplo, revela que tu personaje está recibiendo una llamada. Sin el sonido, el espectador solo vería que el personaje coge el auricular y podría pensar que es este el que hace la llamada.

6 Música.

La música desencadena sentimientos. Una música adecuada, por lo tanto, da más fuerza al impacto de tus imágenes. Anota qué atmósfera debe proporcionar la música a las escenas. Por ejemplo, ¿ha de tener un efecto emocionante o alegre? También puedes jugar con la velocidad. Una música rápida encaja con una persecución, mientras que una música lenta encaja con un picnic agradable al sol.

7 Escenario.

Planifica qué decorados utilizar en cada escena.

8 Duración.

No resulta nada fácil calcular cuánto tiene que durar una escena para que quede bien. Naturalmente, el espectador debe tener tiempo suficiente para captar lo que ocurre. Pero también has de prestar atención a que no se aburran cuando un suceso se relate de manera extensa. Lo mejor es que describas la trama con palabras y mires el reloj. Más o menos, la escena debería durar el tiempo que has tardado en escribirla.

Pensamos tanto en la historia que solemos olvidar que toda película tiene títulos de crédito, antes y después. El título de la película, por lo general, aparece al principio. Planifica ya en este punto qué créditos querrás incluir antes y después.

Si quieres publicar tu película en Internet y deseas incluir tu nombre en los títulos de crédito, piensa bien en qué nombre quieres poner. Si dieras tu nombre y apellido, estarías revelando demasiada información. Es mejor utilizar solo tu nombre de pila. Incluso te recomendaría que te inventaras un nombre artístico.

Con el guion ya tienes tu historia y… una primera estructura para todas las tomas. Sin embargo, hasta ahora solo has descrito la historia con palabras y necesitarás mucha imaginación para concebir cómo serán las fotografías.

Para el *storyboard* puedes utilizar mi plantilla. Dibuja en los recuadros los hitos de tu historia tal como los has descrito en tu guion. Solo esbózalos *grosso modo*, para no perder demasiado tiempo. Estos dibujos no se verán en tu película, solo sirven para visualizar. Además, mientras fotografíes, tomarás muchas más imágenes, y no tienes que bocetarlas todas.

Plantilla para tu *storyboard*

Escena Toma Duración

Escena Toma Duración

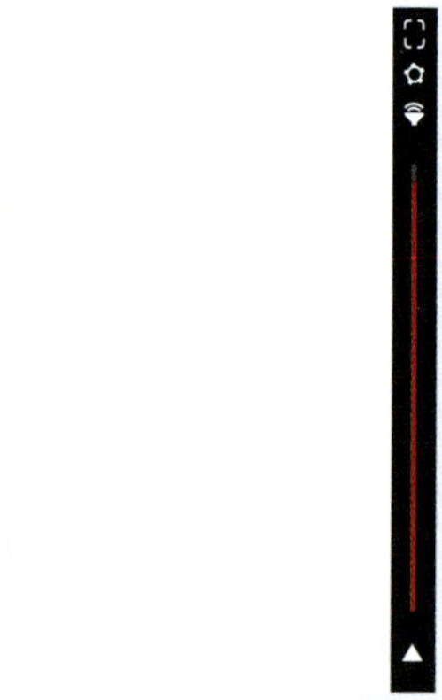

Escena Toma Duración

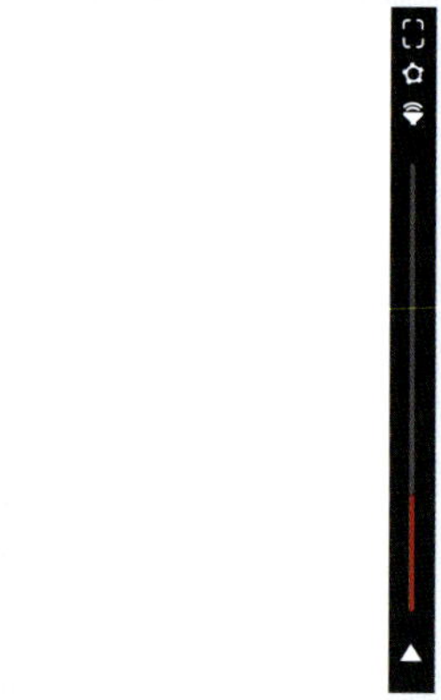

Escena Toma Duración

Escena Toma Duración

Escena Toma Duración

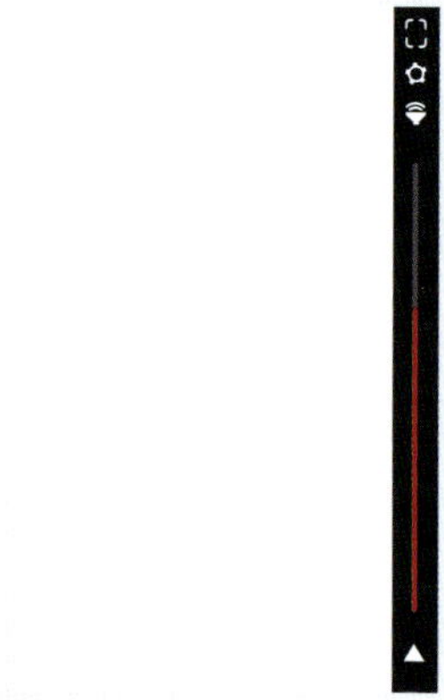

Haz que tu historia sea visible

El *storyboard* es la versión dibujada de tu película. Aquí bocetarás lo que has plasmado por escrito en tu guion. Un *storyboard* visualiza tu idea y te proporcionará una impresión de cómo serán los encuadres y el ángulo de la cámara.

El *storyboard* terminado te permite, sobre todo, que no pierdas el hilo de la producción.

MONTA EL PLATÓ, LOS PERSONAJES Y EL ATREZO PARA LA PELÍCULA

Estudia tu guion escena a escena y anota qué debes construir, dibujar o modelar. Ahora lo prepararemos todo juntos, y también te daré algún que otro consejo.

El decorado

Seguro que desde el párrafo sobre los materiales, en el capítulo 2, ya has imaginado algunos decorados. Sin embargo, no quiero privarte de los siguientes consejos:

» **Tu decorado no debe ser confuso.**

Solo deberían verse cosas que juegan un papel en tu película. Cualquier cosa innecesaria distraería de la historia.

» **Algunos elementos sueltos del fondo pueden ser móviles.**

Si el decorado forma parte de la animación y está «vivo» como los personajes, entonces tu película será aún más elocuente.

© Teenismyage/ shutterstock.com

En mi ejemplo, las nubes se mueven. Mira si puedes ver los hilos de los que cuelgan. El mar también se mueve y el barco se balancea encima de las olas.

- **Para las películas de animación con recortes, necesitas que la superficie sea lisa.**

  Si no lo es, los personajes sobresaldrán y se formarán sombras.

  Si es necesario, puedes fijar un momento el personaje poniendo un poco de plastilina entre este y la superficie.

- **Los decorados han de ser lo bastante grandes como para ofrecer suficiente espacio para tu animación.**

  Prueba si en una fotografía del plano general caben todos los personajes y objetos, sin que se vean los límites del fondo.

  Si quisieras usar fotografías sacadas de Internet como decorado, tendrás que utilizar unos cuantos trucos para imprimirlas al tamaño adecuado. El formato DIN-A4 solo es suficiente si trabajas con figuras muy pequeñas. De modo que has de imprimir las fotos más grandes. ¿Cómo?

  Elige primero una foto en alta resolución. Los fondos que encontrarás en www.dummies.es/stopmotion tienen el tamaño adecuado. En Pixabay (http://pixabay.com) puedes elegir también entre varios tamaños. Opta siempre por la mejor calidad fotográfica posible.

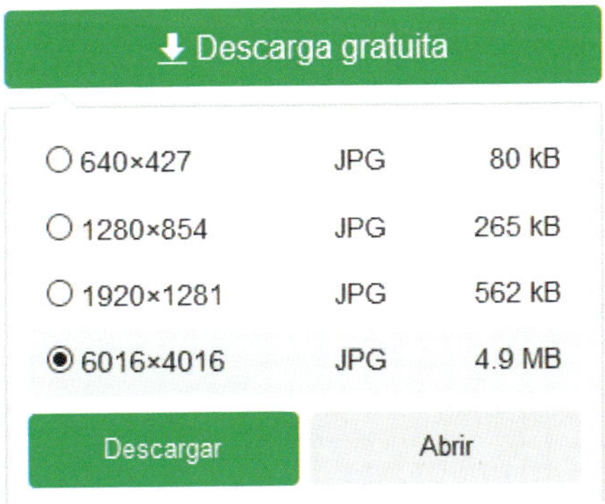

Con programas de edición en línea como Fotor puedes fragmentar una foto en varios rectángulos que más tarde puedes imprimir en hojas DIN-A4 y finalmente montar juntas como fondo.

¡Ojo! Pega siempre las hojas por la parte de atrás. De otro modo, el brillo de la cinta adhesiva se reflejará.

» **Los mejores decorados los encontrarás en el cuarto trastero, en el desván o en la naturaleza.**

Los juguetes viejos funcionan bien como decorado, ya sea un garaje de juguete o la casa de muñecas. Con las piezas de Lego o Lego Duplo puedes montar un horizonte urbano o un paisaje lleno de colorido. El cartón se presta muy bien para construir una casa o incluso una ciudad entera.

Una piedra grande puede servir de paisaje lunar. Con arena puedes hacer una playa. Ramas pequeñas se pueden convertir en árboles y las plantas verdes en selvas.

Si combinas materiales diversos el resultado es más bonito. Puedes hacer tu decorado con comestibles como lentejas, arroz, cuscús o judías secas, y hacer que un monstruo de plastilina haga gamberradas en ese paisaje.

Los personajes

Seguro que hace tiempo que has decidido qué personajes utilizarás y con qué materiales los vas a elaborar. En el capítulo 3 te he explicado en qué consiste la animación. Cuando hagas tus personajes, presta atención a lo siguiente:

» **Cuando dibujes y luego pintes los personajes para una película con recortes, fotografiada desde arriba, nunca utilices acuarelas.**

La humedad hace que el papel se deforme. El mejor material son las ceras o los lápices de colores.

» **Para las películas animadas con plastilina, puedes hacer a tus protagonistas en vivo, delante de la cámara.**

Puedes hacer paso a paso un personaje partiendo de una masa informe de plastilina.

Si te sobra tiempo para modelar tus personajes, mírate los vídeos de Guldies en el canal de YouTube: www.youtube.com/user/Guldies/vídeos. *En ellos verás cómo crea personajes verdaderamente extraordinarios.*

El atrezo para la película

Por atrezo se entiende el total de enseres que desempeñan una función o un papel en la historia. Es decir, sobre todo, son los objetos que los personajes necesitarán. En películas tridimensionales (por tanto, no las creadas sobre una superficie plana) no hay realmente limitación alguna en cuanto a la creación de objetos y útiles.

» **Combina sencillamente todo tipo de objetos que encuentres en tu habitación.**

La clave está en la mezcla.

- **Vigila que los tamaños sean proporcionales.** Aunque en ocasiones el resultado puede ser interesante si los tamaños son desproporcionados respecto a los personajes.

  Un pingüino el doble de grande que un ser humano puede resultar muy gracioso.

- **Piensa en cómo insertarás el título de la película.**

  Por ejemplo, ten preparadas galletas en forma de letras, u otro tipo de letras, para los títulos de crédito.

EL SET DE LA PELÍCULA

Construye el set paso a paso. Primero deberás buscar un lugar adecuado para la filmación.

Elige la localización

Utiliza esta lista para ayudarte a elegir el lugar donde filmar:

- **¿Puedes fijar los fondos?**

  Si quieres filmar sobre una mesa, elige un espacio que al menos tenga mucha superficie blanca por detrás. Deberías poder poner tu decorado en la pared, sin necesidad de estropear tu póster favorito.

- **¿Puedes utilizar tu entorno como decorado?**

  Podrías probar cómo queda tu película si incluyes tu entorno en ella... Hasta puede que sea necesario para tu historia.

  Si en ella hay unos alienígenas que desarrollan su actividad delictiva en tu nevera, entonces está claro que deberías filmar directamente en la cocina.

» **¿Hay suficiente luz? ¿Puedes oscurecer la habitación?**

Lo importante es, en cualquier caso, que haya suficiente luz para hacer las fotografías.

Sin embargo, asegúrate de que en el lugar donde filmes no dé directamente la luz del sol. Después tendrías una película llena de sombras moviéndose por toda la imagen.

» **¿Es llana la superficie?**

La superficie de tu set debe ser llana para que los personajes no pierdan constantemente el equilibrio. Si, en cambio, la película está fotografiada desde arriba, una superficie desigual hace que los personajes tengan sombras no deseadas.

Monta el set

¿Ya tienes el lugar? Fantástico. Ahora construiremos el set y lo haremos paso a paso.

1. **Empuja una mesa contra la pared o, si no, despeja tu escritorio.**
2. **Sujeta la imagen de fondo, o un cartón con una fotografía, contra la pared o en la parte trasera de tu caja de luz.**

   Si vas a sujetar el fondo contra la pared, asegúrate de que quede pegado. La cinta adhesiva transparente se desengancha rápidamente y, por tanto, no es adecuada. La cinta de embalar, por otro lado, deja feos restos de pegamento. La mejor solución es la cinta de pintor. Casi siempre hay algún rollo por la casa.

Vigila que la parte inferior de tu fondo toque con el suelo. De este modo, tus personajes estarán en medio del paisaje y el decorado parecerá más espacioso.

Construye el decorado de manera que tengas suficiente espacio para la animación.

No hay nada peor que volcar constantemente las figuras y objetos cuando procedes a mover el personaje. Se tarda mucho tiempo y es muy enervante volver a colocarlo todo como estaba antes.

Por lo tanto, todo lo que quieras animar deberá ser fácilmente accesible.

3 **Prepara tanto el decorado como los personajes para rodar la primera escena.**

Monta todos los personajes y objetos que necesitarás al principio.

4 **Monta las lámparas.**

Deja la habitación a oscuras y coloca las lámparas de manera que los personajes no proyecten sombras.

Puede que tardes un poco en encontrar las posiciones correctas.

Monta la cámara

Coloca la cámara o instala la webcam. Vigila que la cámara no esté situada enfrente de una lámpara.

Para que el espacio entre la cámara y los personajes sea correcto, consulta tu guion. ¿Cómo es el encuadre que quieres para la foto?

Marca la posición de la cámara. Anota también en ese lugar el tipo de encuadre. De este modo podrás colocar la cámara en la misma posición para tomas posteriores.

Mira lo que has conseguido. Has desarrollado una historia, has elaborado los personajes y montado un set completo. Ahora es cuando recibirás el premio a tanta labor. Ya puedes darle al disparador.

PROYECTO 6
Cámara y... ¡acción!

© Myvisuals/shutterstock.com

Claqueta: toma primera. Cámara y... ¡acción! Todo está listo para la final. Vas a hacer tu película, y yo estaré a tu lado con instrucciones paso a paso. Independientemente de con qué dispositivo trabajes, podrás en todo momento seguir con tu filmación otro día, aunque apagues la cámara o cierres el software de stop motion. Puedes seguir donde lo dejaste, y no es necesario que esperes a tener un día en que dispongas de mucho tiempo.

Coge el guion y el *storyboard*, y empecemos.

FILMA CON SMARTPHONE O TABLETA

Primero, necesitarás la app descrita en el capítulo 2 bajo el título «Programas de stop motion» y que se llama Stop Motion Studio Pro. Por supuesto, puedes utilizar la versión gratuita Stop Motion Studio. Sin embargo, tendrás que renunciar a efectos cómic, bocadillos, título y créditos, así como música y sonido.

Podrás distinguir las dos versiones de la app por el color del logo. La app gratuita tiene el logo azul, y la versión de pago es violeta.

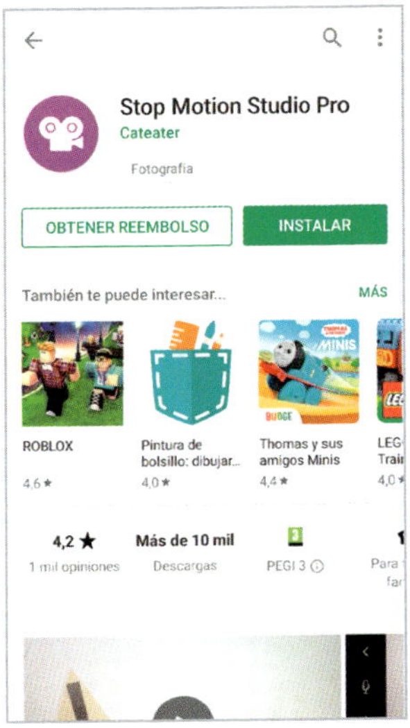

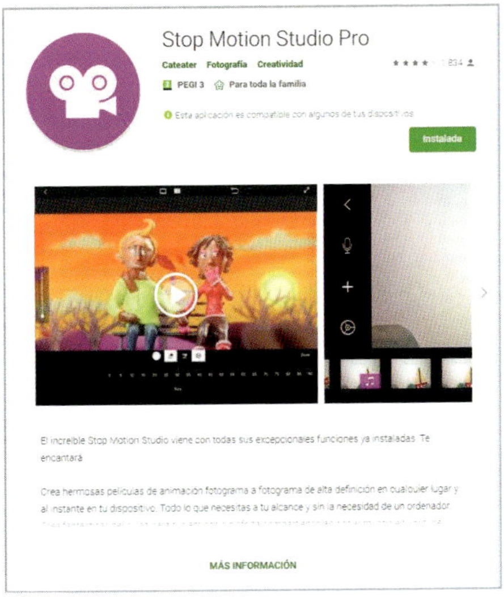

Yo trabajo con un iPad. En dispositivos Android o Windows quizá la app tenga un aspecto algo diferente. Pero seguro que podrás seguir las instrucciones paso a paso sin problemas.

Antes de empezar, deberías saber que la app almacenará temporal y periódicamente el progreso de tu proyecto. Si por alguna razón la app se cayera, como mínimo tendrás lo último que hayas hecho.

Las primeras tomas

¿Has instalado la app?

1 Abre el programa Stop Motion Studio Pro.

2 Selecciona en el signo + una nueva película.

Ahora estás en la pantalla de toma de fotos.

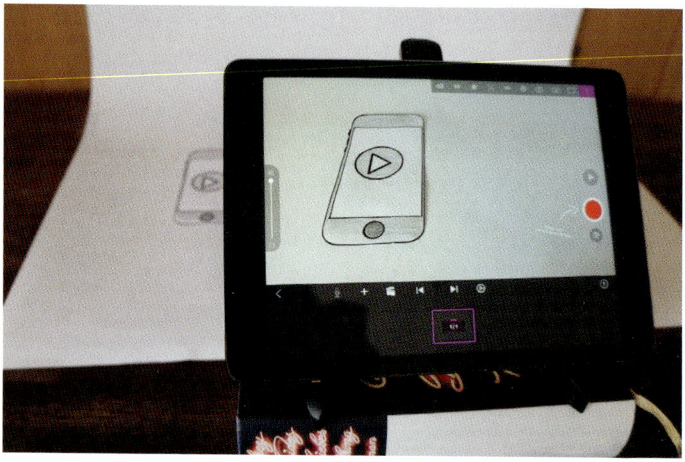

Aquí puedes ver el encuadre de tu primera fotografía.

3 Cambia, en caso necesario, la posición de tu cámara.

Nosotras hemos colocado un libro debajo del soporte para que la cámara tome la foto desde más arriba.

4 Toma la primera foto.

Esto se hace dándole al botón rojo situado en el lado derecho de la pantalla.

5 Continúa fotografiando. Desplaza todo lo que en la película tenga que moverse, y toma la siguiente foto.

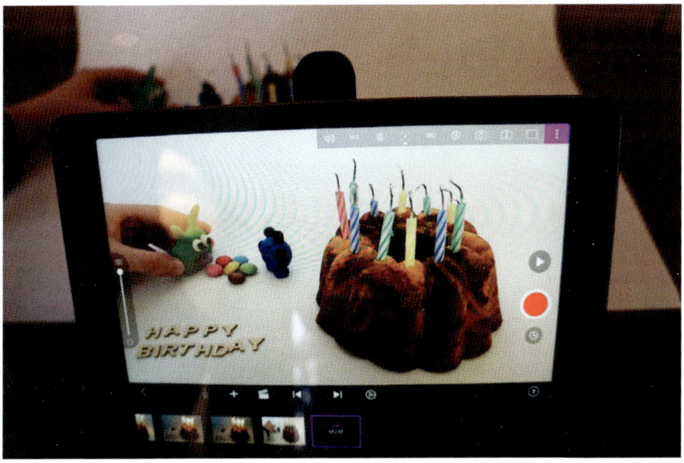

6 Sigue hasta que un personaje tenga que decir algo, o hasta que quieras introducir un efecto.

Puedes colocar una versión traslúcida de la foto precedente en la imagen actual. De este modo podrás ver dónde estaba tu personaje antes. La función *onion skinning* (capas) te ayudará a animar los personajes y objetos sin que haya saltos inesperados en la animación. *Onion skin*, por cierto, significa «piel de cebolla», que es traslúcida, como la imagen superpuesta.

La función *onion skinning* también nos sirve si golpeamos accidentalmente la mesa y todo nuestro montaje se viene abajo. Gracias a esta función podremos reconstruir de manera exacta nuestro decorado y colocar los personajes tal como estaban en la última captura, antes del accidente.

7 Activa la función *onion skinning* con el control deslizante que hay en el lado izquierdo de la pantalla, y elige el grado de transparencia.

Así puedes elegir lo transparente que será la fotografía anterior.

CONSEJO

No hay ni una película en stop motion en la que no aparezca un dedo. Seguramente le ocurre a todo el mundo, al menos una vez, que en la imagen se vea algo que no debiera. Puedes borrar la foto seleccionándola y arrojándola a la papelera.

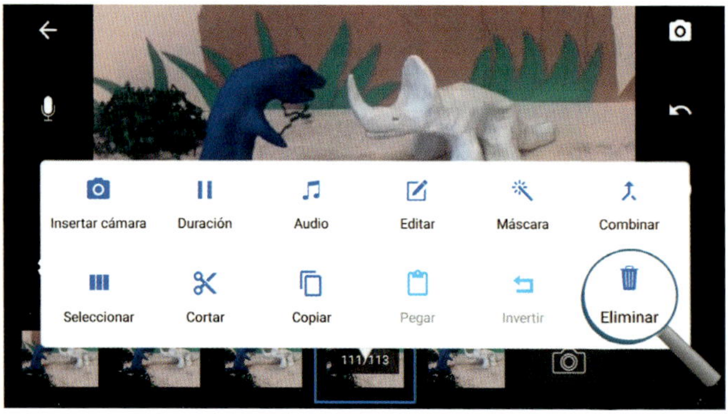

Lo mejor es darse cuenta del error enseguida, porque así puedes repetir la fotografía de inmediato.

¿Es el momento para un diálogo?

Para hacer que tus personajes hablen, puedes añadir bocadillos, o globos, y escribir el texto dentro, o bien grabar el texto con tu voz. Más adelante te enseñaré a grabar tu propia voz. Ahora hablaremos de los bocadillos.

1 **Selecciona la imagen en la que vas a añadir un bocadillo y ve a editar.**

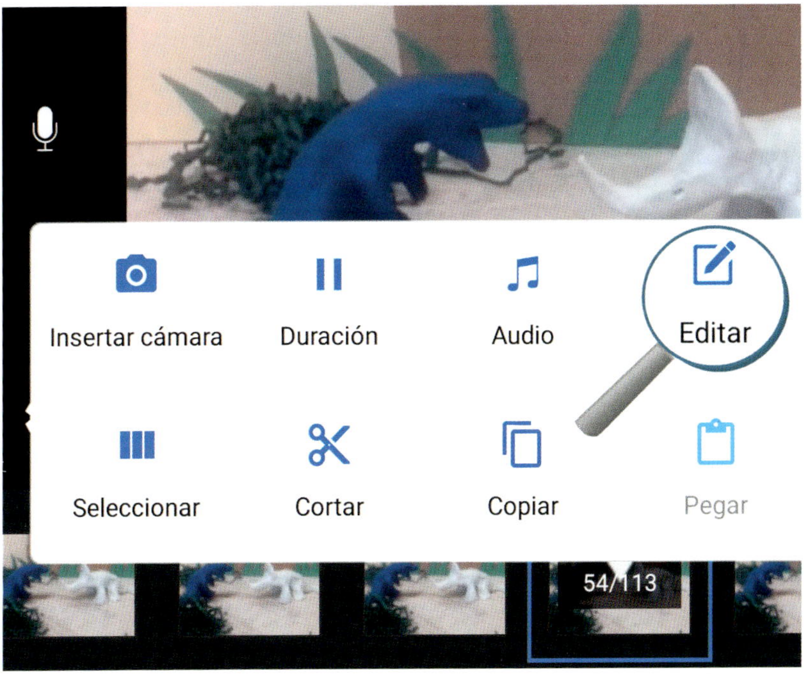

2 **En la zona superior de la pantalla, selecciona el símbolo +, y te aparecerá un gran repertorio. Elige el bocadillo que más te guste.**

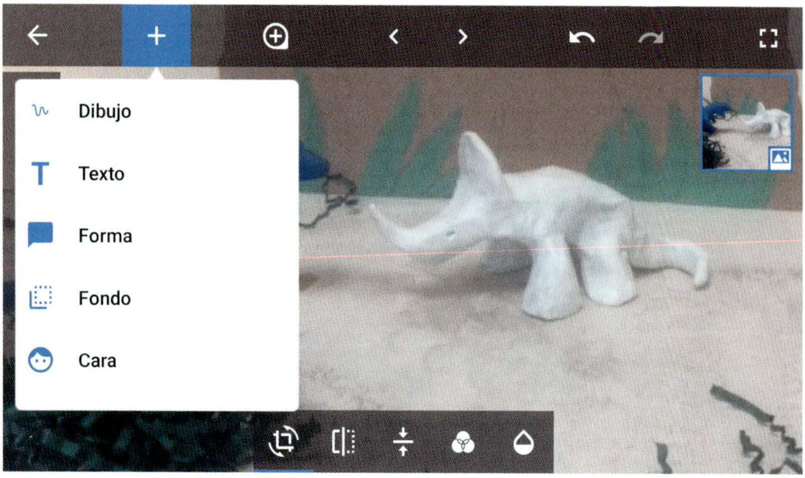

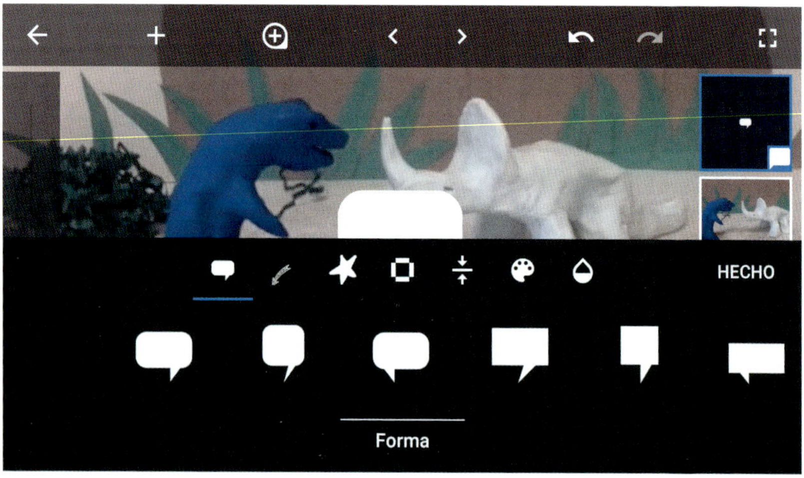

El bocadillo aparecerá en la fotografía. Puedes arrastrarlo al lugar que tú quieras y ampliar o reducir su tamaño usando el pulgar y el índice.

3 Introduce el texto que desees en el bocadillo seleccionando la T en el menú.

La T significa texto. Para que este tenga color, utiliza la paleta de colores que está en el margen inferior de la pantalla. También puedes modificar la posición y el tamaño del texto deslizando tus dedos por encima.

4 Si el texto dentro del bocadillo aparece tapado, arrastra en el área derecha de la página el símbolo de texto debajo del símbolo de los bocadillos.

5 ¿Ya está? Toca la flecha que va hacia la izquierda.

El editor de fotos se cerrará, y el bocadillo se habrá agregado.

Puedes añadir del mismo modo efectos que conoces de los cómics. Podrás encontrar «¡buuuum!» para una explosión, «¡brrrrum! ¡brrrrum!» para un coche que arranca, o un «¡ñamñam!» para un monstruo de plastilina que se come un delicioso pastel. Estos efectos los encontrarás justo debajo de los bocadillos de diálogo y pensamiento. Desplázate hacia abajo y los verás.

¿Has olvidado algo? No hay problema. Más tarde podrás añadir tanto efectos como bocadillos. Tan solo has de ir al momento de la película que te interese, seleccionar la imagen y darle al icono de editar. Procede como antes.

Ahora, sigue tomando fotografías e introduciendo los bocadillos y efectos hasta que hayas finalizado la última escena.

Es posible que en algún momento tengas que desmontar tu decorado. O seguro que variarás la posición de tu smartphone o tableta para elegir un encuadre correcto.

Puede suceder que tu cámara no reconozca aquello que es importante y que se encuentra en el encuadre de la imagen. El objeto se verá desenfocado. Para ayudar a la cámara, toca el objeto que debe verse nítido.

Ajusta la velocidad de reproducción

¿Ya has hecho la última foto? Pues ahora mira el trabajo que has hecho hasta aquí.

1 **Vuelve al principio de tu vídeo y toca el símbolo de Reproducir en el extremo derecho de la pantalla.**

Por cierto, siempre que quieras, puedes ver del mismo modo el resultado de lo que has hecho hasta el momento.

¿A qué se parece más tu película, a un coche de carreras o a un caracol? Entonces deberás ajustar la velocidad de reproducción. Para que tu película avance más rápida o lentamente, deberás pasar más o menos imágenes por segundo.

2 **Haz clic sobre la ruedecilla dentada junto al +, y después sobre el símbolo que representa un cuentakilómetros.**

Se abrirá una ventana en la que podrás establecer la velocidad (imágenes/segundo).

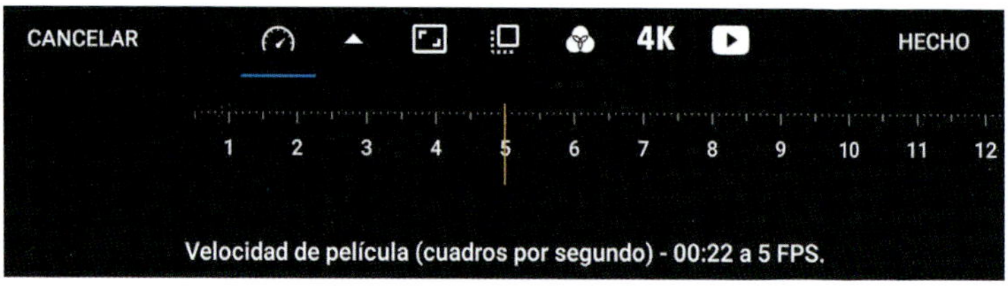

Y podrás ver cuánto dura tu película tras cambiar la velocidad. En nuestro ejemplo son dos segundos a una velocidad de 5 fps.

3 **Confirma los cambios con Hecho.**

Añade el título y los créditos

En el siguiente paso añadirás el título y los créditos.

1 **Regresa a la primera foto usando la vista preliminar de todos los fotogramas.**

2 **Selecciona + y, después, Títulos y Créditos.**

Aquí encontrarás varias opciones para títulos en las que podrás añadir el texto que quieras.

3 **Elige la imagen de portada que más te guste.**

4 **Haz clic sobre el símbolo de Texto, en la parte alta de la barra lateral derecha, para cambiar el texto.**

5 **Toca dos veces rápidamente sobre la imagen del título.**

Ahora podrás cambiar el título por el de tu película.

Para nuestra película, Maira escribe los créditos a mano. Después de cada letra paramos y tomamos una foto. El resultado es genial.

Ya has dado un paso más. El título y los créditos ya están listos.

Sonidos adecuados para la película

A la película le falta ahora la pista de audio. Empecemos con los efectos de sonido.

1 **Ve a la primera imagen a la que has de dotar con sonido.**

2 **Toca el símbolo de Micrófono.**

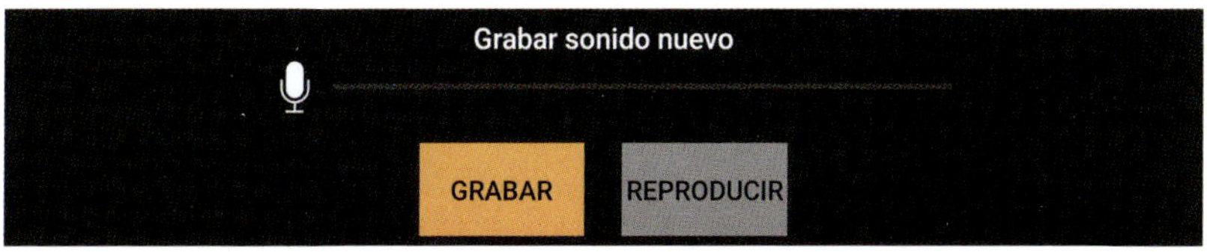

3 Seguidamente, puedes registrar sonidos dándole a Grabar.

Cuando grabes diálogo o sonidos, lo mejor es que busques una habitación sin ruidos. Cuelga un cartel en la puerta que diga: «Atención, se graba». Sería muy molesto que alguien te interrumpiera en medio de la grabación. Coloca el dispositivo sobre algo, y no lo sujetes con la mano. Así evitarás interferencias. Si tuvieras que leer un texto largo de tu guion, también es mejor que lo coloques sobre una mesa. Mantén una distancia mínima al micrófono del tamaño de un lápiz.

También puedes añadir sonidos que la misma app tiene disponibles.

4 Elige el fotograma al que quieras añadir el sonido.

5 Toca sobre + y luego sobre Audio.

Se abrirá una ventana nueva.

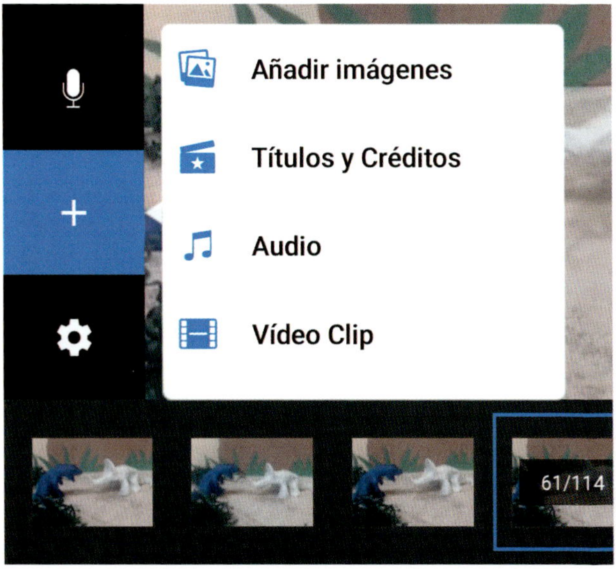

6 Elige del menú Efectos de sonido.

Aquí encontrarás una amplia selección de sonidos. Podrás escucharlos dándole al icono de Reproducir, a la izquierda.

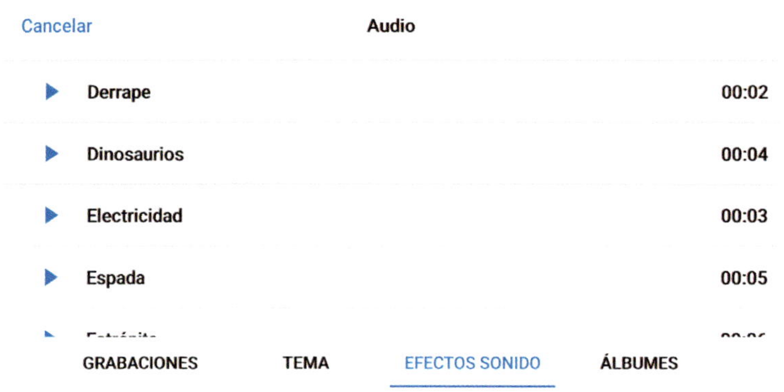

7 Cuando te hayas decidido por un sonido, toca el título y tu fotograma será sonorizado.

CONSEJO

También tienes la opción de utilizar sonidos que hayas grabado antes, que te hayas descargado de www.dummies.es/stopmotion *o que hayas encontrado en Internet y tengan licencia Creative Commons. Para esto, haz como hemos descrito hasta ahora, solo que, en el paso 6, en lugar de elegir Grabar del menú, tendrás que elegir Efectos de sonido.*

Elige la música de fondo

Después de añadir todos los sonidos, puedes pensar si quieres acompañar la historia con una buena música de fondo.

RECUERDA

En ningún lugar existe el silencio absoluto, excepto en espacios insonorizados. Por eso, el silencio absoluto en una película resulta poco creíble.

Mira la película y presta atención a lo que oyes. ¿Cómo son las transiciones? ¿Hay un ruido de fondo molesto en el audio? ¿Te parecen demasiado silenciosas las fases no sonorizadas? En ambos casos tiene sentido sustituir el silencio por música de fondo.

1 **Ve a la imagen del título.**

2 **Toca el + y elige a continuación en Audio el punto Música del título.**

3 **Escucha las canciones dándole al icono de Reproducir. Añade la música que elijas dándole al título de la canción.**

Edita la pista de sonido

Finalmente, podrás editar las pistas de sonido. Probablemente, la música de fondo esté demasiado alta y termine de manera repentina al final de la película. Quizá los ruidos se prolonguen demasiado y deberían terminar antes.

1 **Elige el fotograma en el que empieza la música o el sonido.**

Lo reconocerás por el icono de una nota en color violeta.

2 **Toca el icono de la nota y selecciona Sonido.**

En el símbolo del altavoz puedes hacer que la música suene más alta o baja.

Si lo que quieres es hacer más corto el sonido, toca la tijera. Con el cursor redondo al principio y final de la onda puedes recortar el sonido.

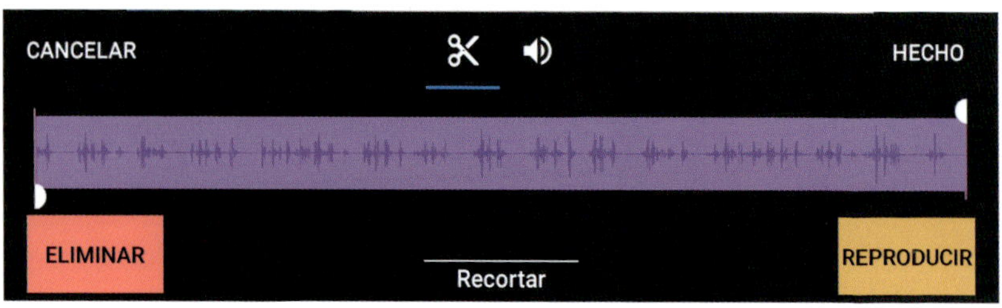

Si tocas en Mezclar, los cursores se cambiarán a triángulos. Si arrastras a la izquierda o la derecha, la música cambiará gradualmente de mayor o menor volumen y viceversa.

También puedes introducir efectos en tus grabaciones de diálogos y sonidos. Puede quedar divertido, aunque has de tener cuidado para que el espectador pueda entender todo.

¿Ya está?

Tu película está lista para ser presentada.

Por si acaso, míratela una vez más y concéntrate. Quizá quieras cambiar algo más. ¿No?

1 **Entonces, dale a la flecha que apunta a la izquierda.**

2 **Cámbiale el nombre a «Mi película en stop motion». Ponle tu propio título.**

3 **Selecciona a continuación el símbolo de Exportar en el extremo inferior de la pantalla y toca sobre Compartir película.**

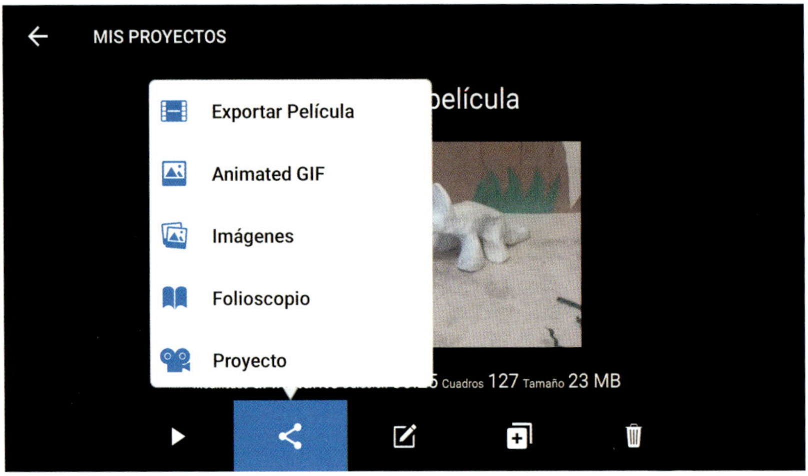

Puedes decidir si quieres guardar la película en la galería de tu propio dispositivo o si quieres compartirla con otros directamente o publicarla.

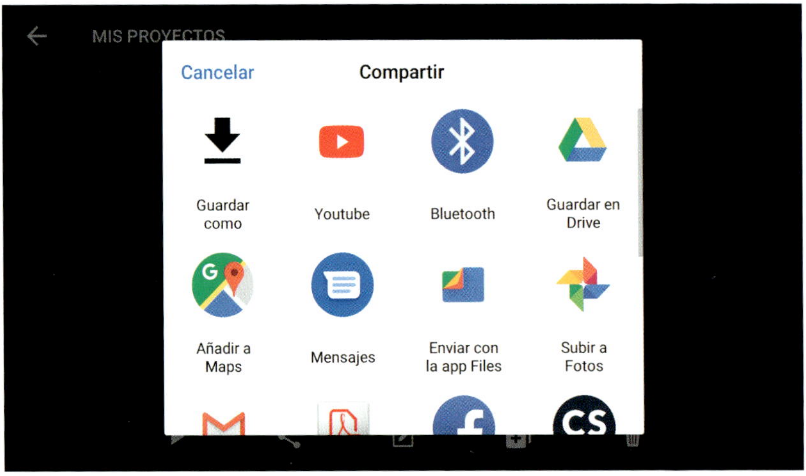

En el próximo capítulo te hablaré un poco de cómo publicar.

FILMA CON ORDENADOR PORTÁTIL O PC

Para filmar tu película de animación en stop motion con un portátil u ordenador, primero has de instalar el software Animate It!, de Aardman. Puedes probarlo durante siete días sin compromiso. Lamentablemente, el software solo está disponible en inglés. Pero seguro que podrás seguir las instrucciones paso a paso sin problemas. Para ello, cuando abras el programa, deberás hacer clic en *continue trial* en lugar de *register now*.

Puedes bajarte el fichero de instalación para Windows y macOS en el sitio web del fabricante, Kudlian: animateit.kudlian.net/download.php

En Internet también puedes encontrar programas gratuitos de animación. Uno de ellos es MonkeyJam. Tiene todas las funciones importantes, aunque su diseño no es tan atractivo.

Yo utilizo software para el sistema operativo Windows. El software para macOS, es decir, para Mac, tiene un aspecto un poco distinto.

Antes de empezar, deberías saber que Animate It! almacenará automática y periódicamente el progreso de tu proyecto. Al instalar el programa se crea automáticamente en la carpeta Documentos una subcarpeta del programa en la que se almacenarán los proyectos en los que estés trabajando. La ventaja es que, si por alguna razón el programa dejara de funcionar, solo perderías los últimos pasos del trabajo.

Las primeras tomas

¿Ya has instalado Animate It!? Entonces conecta la webcam con el PC y empieza por el paso 1.

1 **Abre el software Animate It! Colócate sobre My Projects e introduce un nuevo proyecto en New Project.**

Llegarás automáticamente a la ventana de grabación de tu película de animación.

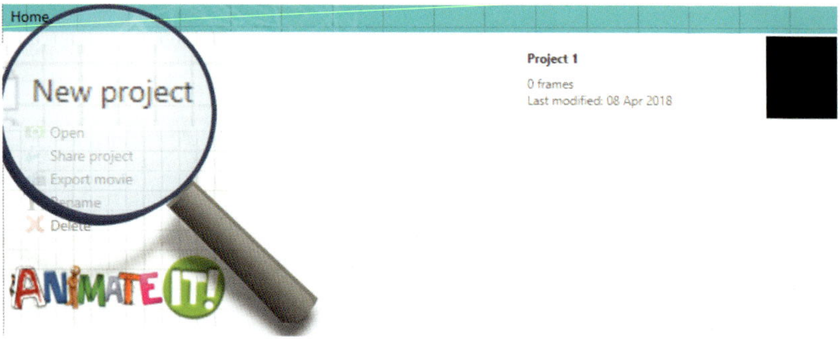

2 **Cambia a Clips para darle un nombre a tu película.**

El título del proyecto lo puedes cambiar haciendo doble clic sobre el Clip que hay abajo en Timeline.

3 **Vuelve al área de filmación haciendo doble clic sobre tu Clip.**

Ahora personalizarás un par de ajustes para la filmación.

4 Introduce los Frames per second, es decir, las imágenes por segundo, yendo a Project y, luego, a Project Settings.

Introduce 25.

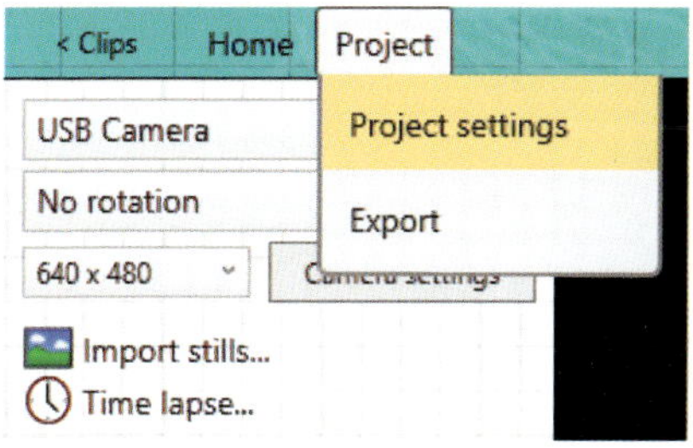

5 Luego ve a Aspect ratio, y elige Wide.

Aspect ratio significa «relación de aspecto» y *Wide* significa «ancho». Así elegirás una imagen un poco más ancha. El nuevo formato corresponde a la proporción 16:9 necesaria para los vídeos publicados en YouTube.

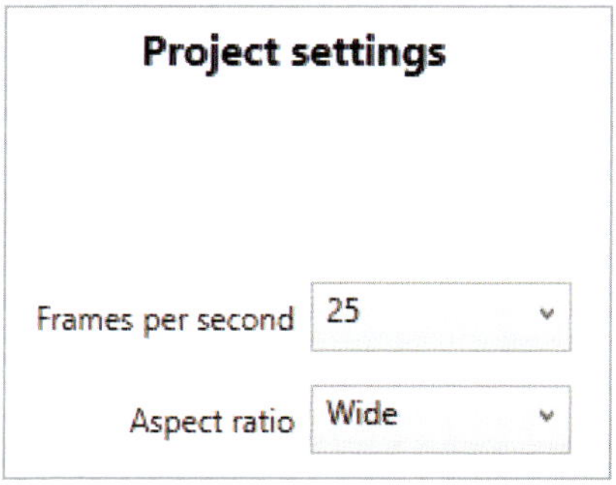

6 Activa la webcam y ajústala.

Si la cámara integrada en tu portátil está activada, tendrás que desactivarla eligiendo en el menú de opciones tu webcam. Después, selecciona la resolución al nivel más alto.

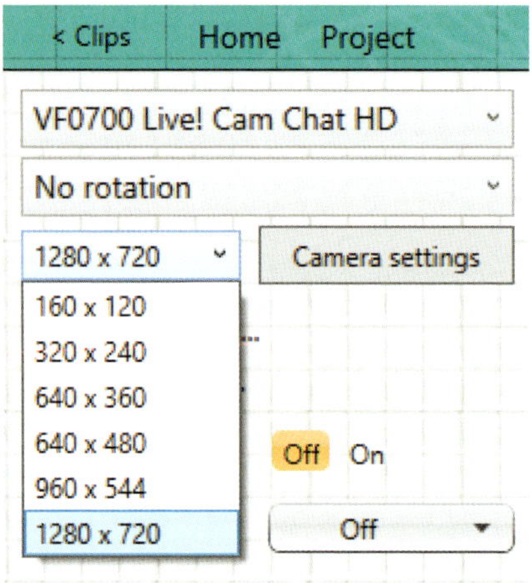

7 **Ahora, coloca la cámara de tu portátil o de cualquier otro dispositivo que uses y posiciónala de manera que tu set aparezca en la pantalla de forma óptima.**

8 **Ajusta la función Onion skinning.**

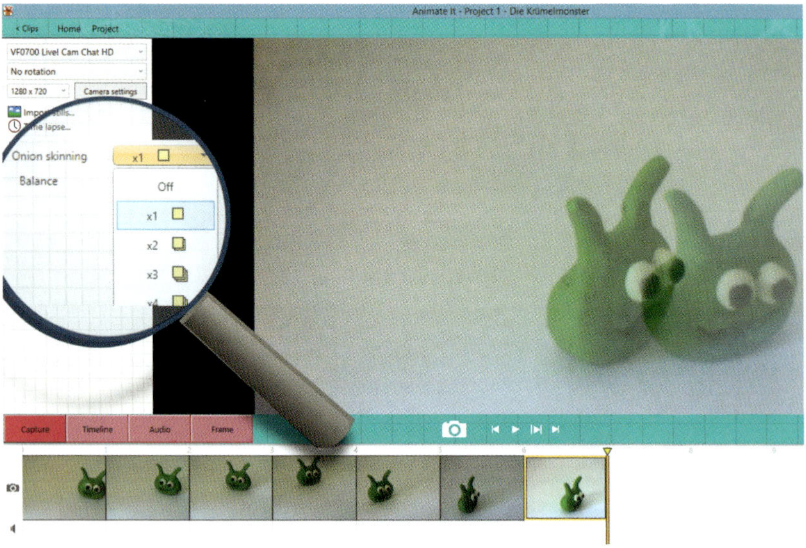

Puedes colocar una versión traslúcida de la foto precedente en la imagen actual. De este modo, verás dónde estaba tu personaje justo antes. La función *onion skinning* (capas) te ayudará a animar los personajes y objetos sin que haya saltos inesperados en la animación.

Onion skin, por cierto, significa «piel de cebolla», que es transparente como la imagen superpuesta.

La función *onion skinning* también nos sirve si golpeamos accidentalmente la mesa y todo nuestro montaje se viene abajo. Gracias a esta función podremos reconstruir de manera exacta nuestro decorado y colocar los personajes tal como estaban en la última captura, antes del accidente.

Marca el número 1 para activar la función y poder ver dos imágenes a la vez.

Y ahora…, cámara… y ¡acción!

9 Toma una foto dándole al símbolo de la cámara o a la tecla espaciadora de tu ordenador.

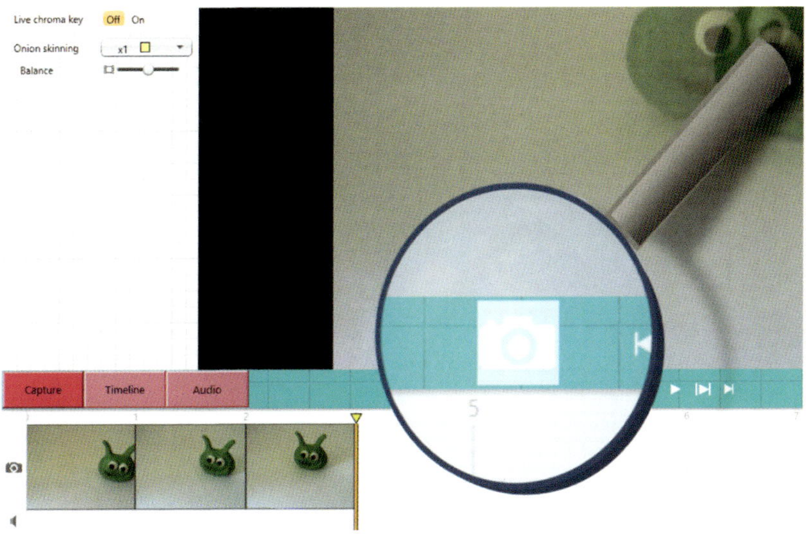

Observarás que las fotos se irán añadiendo simultáneamente a la Timeline, nuestro eje temporal. Si no funciona así, comprueba que no te encuentres en el área Capture del menú rosa. *Capture* significa «capturar», o «tomar», una foto.

10 **Continúa fotografiando. Desplaza todo lo que en la película tenga que moverse y toma la siguiente foto.**

11 **Comprueba el resultado de lo que has hecho hasta el momento viendo la película con un clic sobre el símbolo de Reproducir.**

CONSEJO

Quizá tu película va demasiado rápido. Puedes añadir cada una de tus fotografías una segunda vez para reducir la velocidad. Ve al menú de color rosa y sitúate sobre Frames. *Marca los fotogramas que quieras duplicar.*

Apretando la tecla Ctrl podrás seleccionar varias fotos a la vez. Apretando las teclas Ctrl + A podrás marcar todas las fotos a la vez.

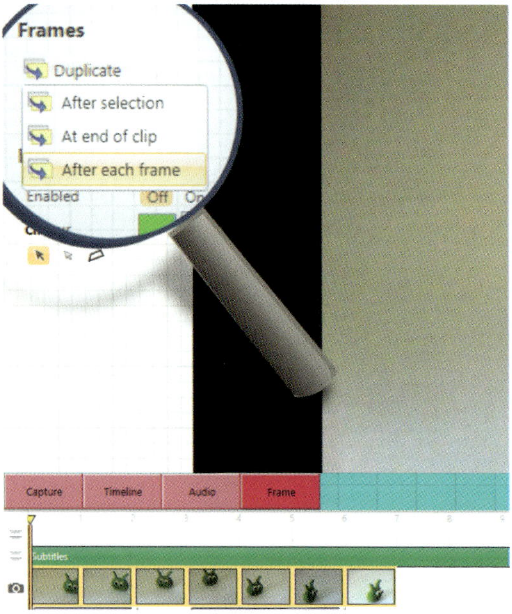

En Duplicar, selecciona After each frame. *Las imágenes se copiarán detrás de la grabación original.*

Duplicate, *naturalmente, significa «duplicar»; y* After each frame *significa «después de cada fotograma».*

12 Sigue así hasta llegar a la última fotografía.

¿Ya has tomado la última foto? Pues ya puedes mirar lo que has hecho hasta ahora.

Si tienes un texto que quieras grabar para insertarlo, haz un pase de prueba. Reproduce la película y lee el texto en voz alta. ¿La velocidad es adecuada? Si las fotos se suceden a demasiada velocidad, duplícalas otra vez.

Ponle un título a tu historia

En Titles tienes la posibilidad de insertar un subtítulo en las primeras imágenes. Haz clic en Subtitles, elige una tipografía y escribe el título.

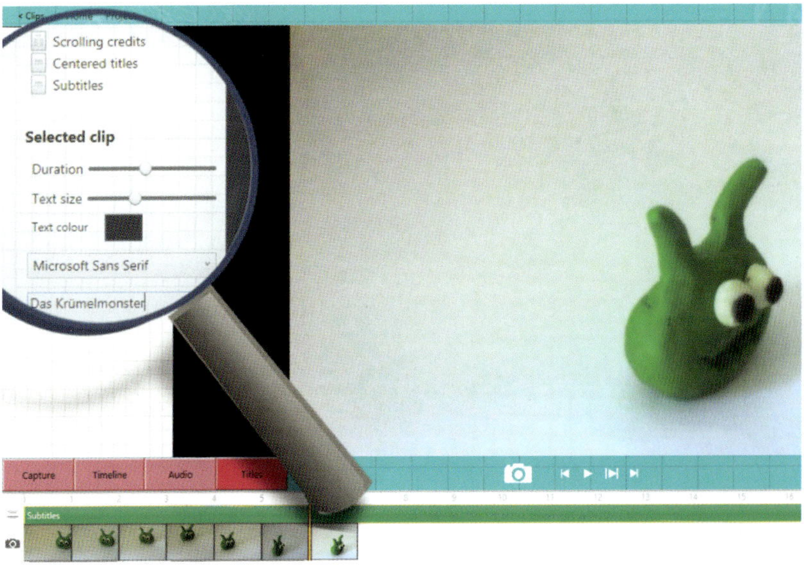

Graba el diálogo

Felicidades. Ya tienes la película acabada. Ahora nos dedicaremos a los diálogos hablados.

1 **Haz clic sobre la opción de menú de color rosa Audio.**

Se añadirá una pista sonora.

2 **Selecciona en Microphone tu micrófono.**

Lo mejor es que dispongas de auriculares o un micrófono que puedas conectar mediante un puerto USB. En caso necesario, tendrás que usar el micrófono integrado en tu ordenador.

3 **Empieza a grabar dándole a Start recording.**

Cuando grabes diálogo o sonidos, lo mejor es que busques una habitación sin ruidos. Cuelga un cartel en la puerta que diga: «Atención, se graba». Sería muy molesto que alguien te interrumpiera en medio de la grabación. Coloca el dispositivo sobre algo y no lo sujetes con la mano. Así evitarás interferencias. Si tuvieras que leer un texto largo de tu guion, también es mejor que lo coloques sobre una mesa. Mantén una distancia mínima al micrófono del tamaño de un lápiz.

Edita tu primera pista de sonido

Puedes acortar tu grabación con el cursor que hay al principio y final de la pista de sonido que acabas de hacer. Arrastra el cursor a derecha o izquierda al tiempo que aprietas el botón izquierdo del ratón.

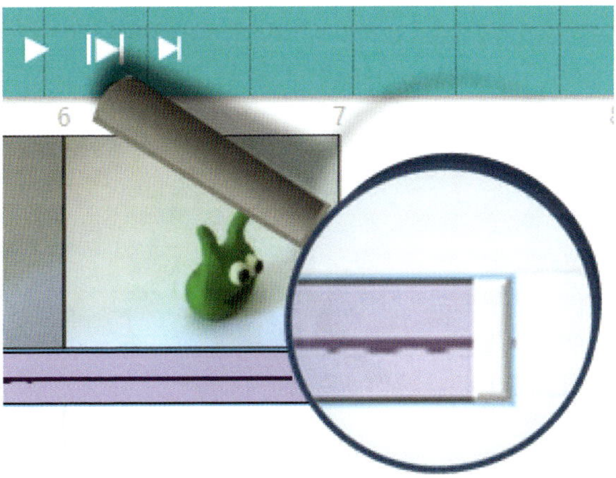

Sonoriza las escenas

Baja del sitio web www.dummies.es/stopmotion o de Internet todos los sonidos que necesites.

Seguramente estarás poniendo los ojos en blanco porque ya sabes lo que viene ahora: busca sonidos que tengan licencia Creative Commons.

Puedes importar sonidos haciendo clic en *Import into library* bajo Audio library. *Library* significa en inglés «biblioteca». Por lo tanto, estarás creando una biblioteca de sonidos.

Después de llevar de esta manera los sonidos de tu disco duro al programa, estos aparecerán en una ventana de selección. Arrastra con el ratón los sonidos al lugar correcto en la pista de sonido.

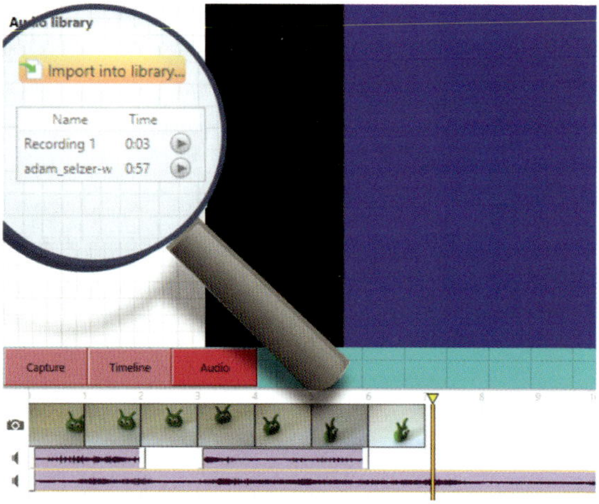

Elige la música de fondo

Después de añadir todos los sonidos, puedes pensar si quieres acompañar la historia con una buena música de fondo.

En ningún lugar existe el silencio absoluto, excepto en espacios insonorizados. Pero casi nunca nos encontramos en uno de ellos. Hasta los micrófonos tienen un nivel de ruido. Por eso, el silencio absoluto en una película resulta poco creíble.

Mira tu película otra vez. ¿Cómo son las transiciones entre las imágenes sonorizadas y las que no tienen sonido? ¿Hay un ruido de fondo molesto en el audio? ¿Te parecen demasiado silenciosas las fases no sonorizadas? En ambos casos tiene sentido sustituir el silencio por música de fondo.

Esto lo harás de la misma manera en que incorporaste los sonidos en la película. Sin embargo, la canción que uses deberá estar a un volumen bajo, si no el resto de las grabaciones no podrá oírse.

¿Ya está?

Tu película está lista para ser presentada.

Por si acaso, míratela una vez más y concéntrate. Quizá quieras cambiar algo más. ¿No?

1 **Ve a Project y exporta la película.**

2 **Selecciona el formato Uncompressed AVI y, en Size («tamaño»), elige la mayor definición posible.**

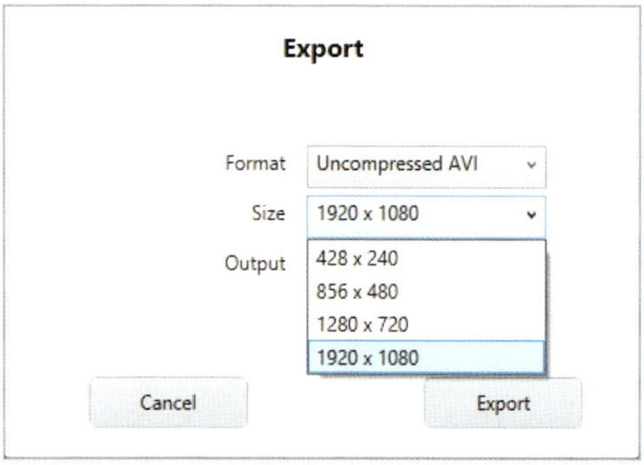

FILMA CON CÁMARA DIGITAL

Si quieres filmar tu película de animación en stop motion con una cámara digital y editarla después en tu PC o portátil, ya puedes preparar la cámara fotográfica.

Primero, vacía la tarjeta de memoria. Carga la batería y, si es posible, también una batería de recambio. Espero que no tengas que esperar demasiado para tener la cámara lista.

Después, enciende el ordenador. Necesitarás un programa de edición de vídeo que pueda combinar pista de vídeo y audio. Nosotras utilizamos Shotcut. Este programa puede hacer claramente más cosas de las que necesitamos, es totalmente gratuito y lo puedes conseguir en https://shotcut.org/download

Carga el archivo de instalación en el ordenador y sigue las instrucciones.

Cuando tengas el programa instalado, selecciona la opción *settings* del menú, después *language* y *spanish*. Te aparecerá un mensaje diciendo que el software se cerrará, y cuándo lo vuelvas a abrir ya estará en español.

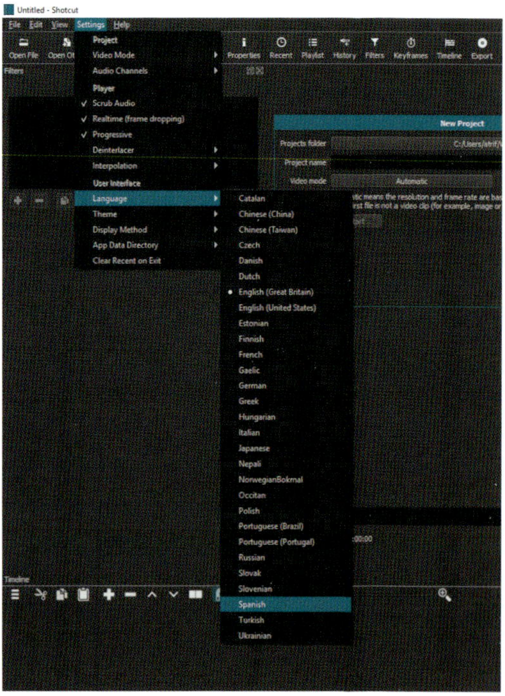

Las primeras tomas

Con ayuda de los siguientes pasos podrás filmar ahora tu película de animación. ¿Listo? Empecemos.

1 **Coloca la cámara delante de tu set de forma que esté fija y que en la imagen se vea todo el decorado, pero no sus márgenes.**

2 **Marca la posición de la cámara y escribe «General».**

3 **Ahora, toma las fotos, una a una.**

Tu guion te ayudará a no olvidar nada.

Empieza con las imágenes del título.

4 **Sigue tomando fotos hasta que hayas acabado la última escena.**

Es posible que en algún momento tengas que desmontar tu decorado. O seguro que variarás la posición de tu cámara digital para elegir el encuadre correcto.

Monta los fotogramas en el ordenador

Cuando ya tengas todos los fotogramas, podrás verlos y montarlos en tu ordenador.

1 **Copia las fotos de la tarjeta SD en tu disco duro.**

2 **Luego, borra de tu ordenador aquellas fotos que no quieras utilizar.**

Si por casualidad borraras una foto buena por error, ya tendrás copias de seguridad en la tarjeta de memoria de la cámara.

3 Inicia Shotcut. Haz clic en la barra del menú sobre Línea de tiempo.

Este es el área donde archivarás tus fotos y donde sonorizarás la película.

4 Arrastra las fotos con el ratón del disco duro al área vacía Propiedades.

Los fotogramas se agregarán a una lista nueva de reproducción.

5 Puedes añadir las fotos de la lista de reproducción marcadas con el símbolo + al eje temporal.

Con la primera foto ya se creará automáticamente una pista de sonido nueva. Organiza en el eje temporal todos los fotogramas en orden temporal correcto, es decir, uno detrás de otro en una pista de vídeo.

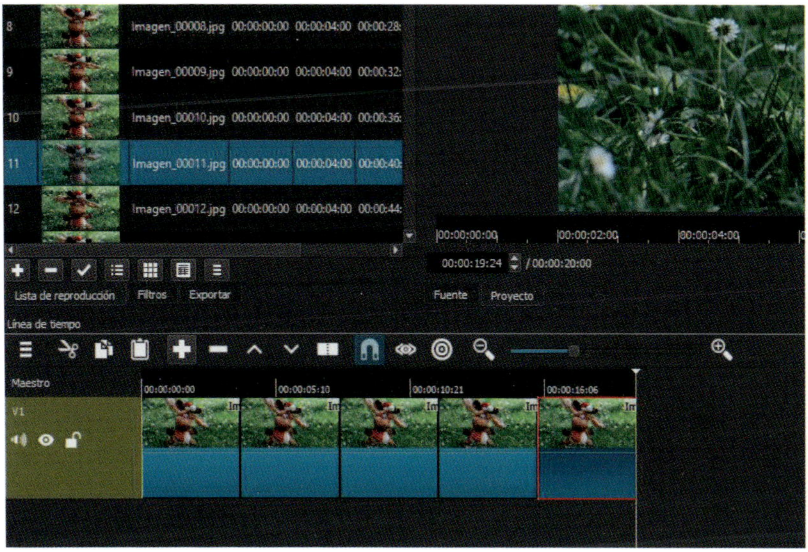

Es recomendable proteger el proyecto dándole a la tecla Guardar con regularidad. Habrías hecho todo el trabajo en vano si el software o el ordenador se colgaran.

Sonoriza las escenas

Baja antes todos los sonidos que necesites del sitio de la editorial o de Internet.

Seguramente estarás poniendo los ojos en blanco porque ya sabes lo que viene ahora: busca sonidos que tengan licencia Creative Commons.

1 **Arrastra los sonidos del disco duro a la lista de reproducción.**

Importarás los archivos.

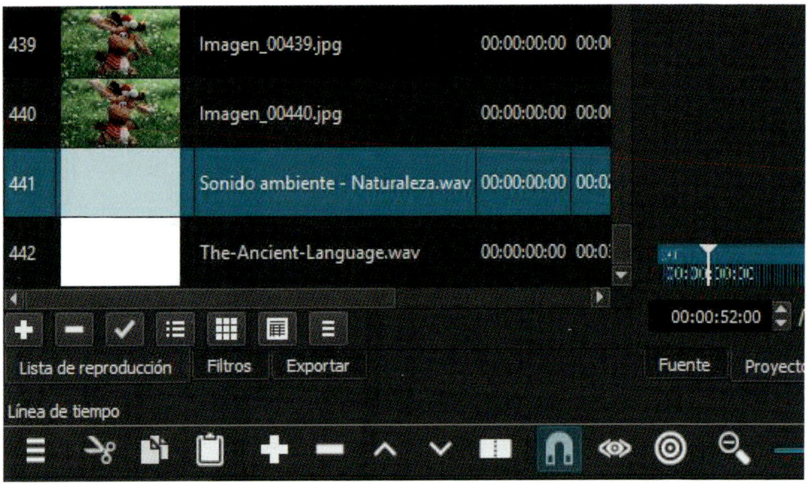

2 **En las tres líneas horizontales del eje temporal añade una nueva pista de audio.**

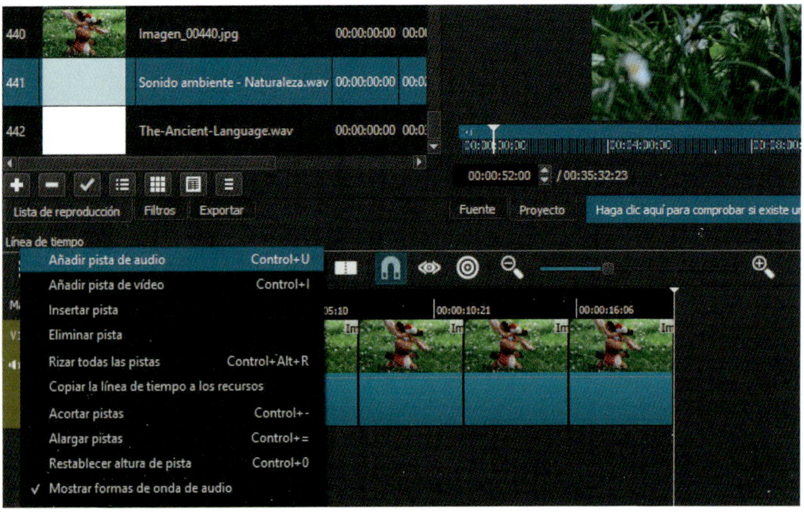

3 **Desplaza los sonidos de la ventana de previsualización al eje temporal y colócalos en el lugar correcto.**

A través de la creación de otra pista de audio podrás añadir de la misma forma la música de fondo.

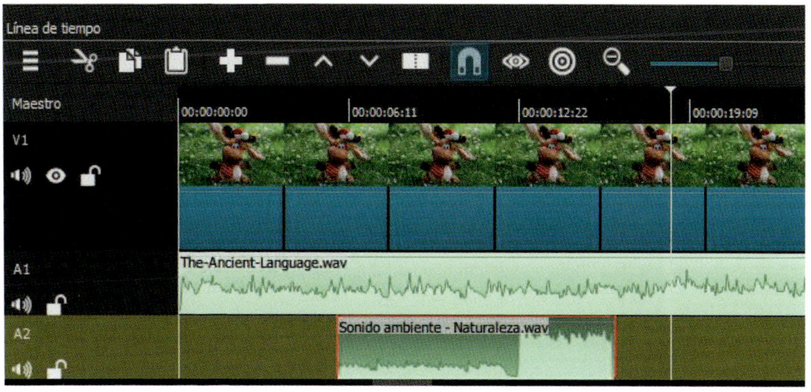

Recorta el sonido

Quizá te encuentres en algún momento en la situación de tener que recortar el sonido, por ejemplo, en el caso de una canción demasiado larga.

1 **Simplemente, haz clic en el principio o final del sonido en el eje temporal.**

2 **Arrastra los finales a la derecha o a la izquierda, según sea necesario.**

Edita el sonido

¿Quieres mezclar el sonido o hacer que la música suene más fuerte o más floja?

1 **En el eje temporal, selecciona el clip a editar y haz clic en el botón Filtro de la barra de menú.**

En el lado izquierdo se abrirá una nueva ventana.

Encima del signo + encontrarás una amplia selección de filtros.

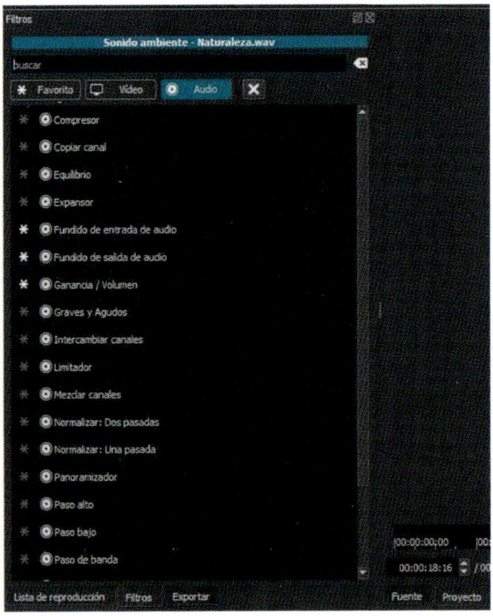

2 Elige un filtro y ubícalo en el lugar de tu elección.

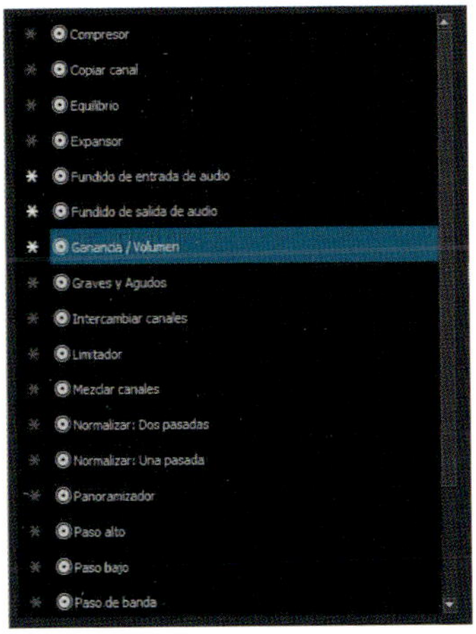

Borra el sonido

Podrás eliminar del eje temporal y, por lo tanto, del vídeo, fragmentos de sonido de la siguiente manera.

1 Marca el sonido.

2 Ve a la flecha hacia arriba.

Así se borra el sonido sin que los archivos posicionados después se desplacen.

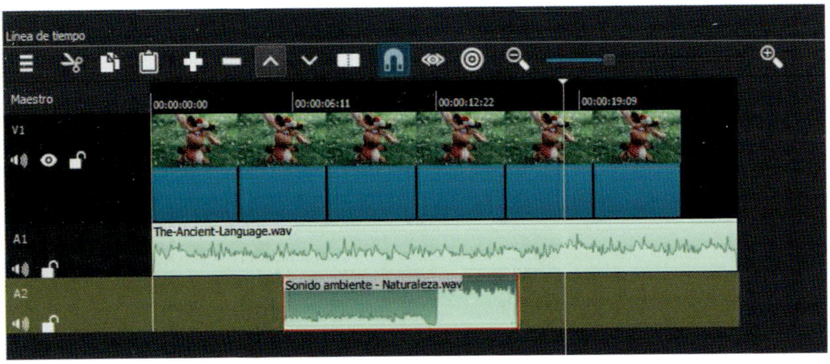

¿Ya está?

1 **Para poder ver tu proyecto como película acabada, haz clic en la barra de menú sobre Exportar.**

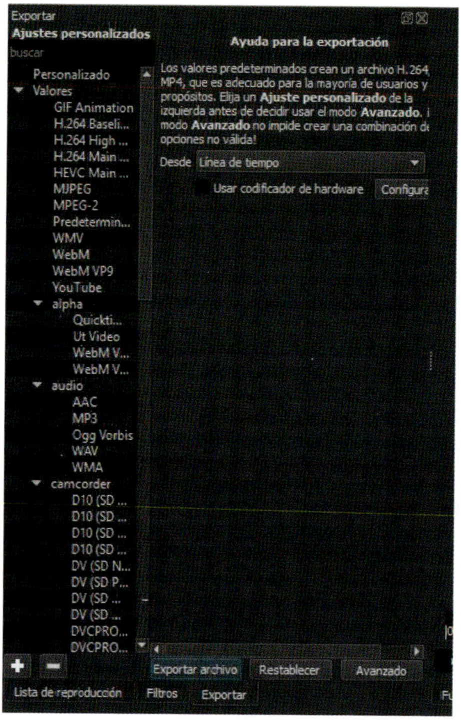

2 **Elige el formato MP4, y no hagas más cambios en los ajustes predeterminados.**

Las configuraciones de resolución y relación de aspecto se adoptaron de manera automática del primer clip que agregaste al eje temporal.

3 **Haciendo clic sobre Exportar archivo, podrás determinar un nombre de archivo y una ubicación de almacenamiento.**

PROYECTO 7
Publica

¡Felicidades! Ya has filmado tu primera película de animación en stop motion. Ahora, déjalo todo, levanta un brazo y date golpecitos a la espalda... ¿Ya has decidido qué ha de suceder con tu vídeo? ¿Quieres enseñárselo a tu familia y a tus amigos? ¿O prefieres publicarlo en un portal de vídeos para que lo vea más gente? Tú eliges.

ADVERTENCIA

¿Ofrece tu vídeo información personal, como por ejemplo tu nombre completo? ¿O apareces tú en el vídeo? Entonces, has de preguntarles sin falta a tus padres si puedes publicar tu vídeo en Internet.

Aunque tus padres no sean unos entendidos en lo que se refiere a YouTube o Internet, sí entienden mejor los peligros y riesgos de estos medios porque han acumulado más experiencia a lo largo de sus vidas.

¿Suficiente edad para Youtube?

En YouTube puedes ver constantemente anuncios, no solo en los clips previos a los vídeos, sino en los vídeos mismos, cuando tus youtubers favoritos te presentan productos. Esta presentación de productos la pagan a menudo empresas que los fabrican, y los youtubers ganan dinero cuando le das al enlace de información. Como contrapartida, obtenemos algo a cambio. Podemos ver todos los vídeos de YouTube gratuitamente, y tampoco hemos de pagar nada si subimos nuestros propios vídeos. La publicidad es una fuente de ingresos importante para Google, y Google es la dueña de YouTube.

Para poder subir un vídeo en YouTube, debes crear una cuenta en Google. En España has de tener más de dieciséis años. Si tienes menos, entonces tus padres tendrán que establecer una cuenta para ti a través de FamilyLink.

EN YOUTUBE

Cuando pienso en vídeos en Internet, lo primero que pienso es en YouTube. Se suben en este sitio más de 400 horas de material de vídeo por minuto. Esta cantidad es inimaginable, y no hay ser humano capaz de ver todo eso.

En YouTube puedes subir tu película de animación en stop motion. Otros verán la película y escribirán comentarios. En YouTube te pueden dar «Me gusta», pero también «No me gusta».

No te lo tomes a pecho si te llegan comentarios negativos e incluso ofensivos. No tienen nada que ver ni contigo ni con tu clip, sino con la insatisfacción de otras personas. Lamentablemente, eso ocurre a menudo en YouTube. Tú puedes ajustar si quieres ver y autorizar comentarios antes de que sean publicados. Yo te aconsejaría que lo hicieras sin falta. Te diré cómo hacerlo en mis instrucciones paso a paso.

Si lo que quieres es subir tu vídeo en YouTube, y si tus padres están de acuerdo, entonces tendrás que dar un paso enormemente importante: crear tu propio canal de YouTube. Vamos a hacerlo juntos.

1 **Ve a www.youtube.com**

2 **Suscríbete primero en Registro y Crear cuenta en Google.**

Encontrarás muchos tutoriales en la red para hacer esto.

Si ya te has suscrito, entonces entra en el sitio con tu dirección de Gmail.

3 **Haz clic en el símbolo para tu perfil en la esquina superior derecha, y después ve a Mi canal.**

Se abrirá la ventana para crear el canal. Aquí sale por defecto el nombre de tu cuenta Google. Probablemente no querrás que tu canal se llame así.

4 **Entonces, haz clic en Nombre de empresa / Otro nombre.**

5 **Dale a tu canal un nombre.**

Aquí se te pedirá creatividad. El nombre ha de ser fácil de recordar. Puede incluso que encuentres uno que tenga que ver con tus películas.

Tu nombre real no debe aparecer en ninguna parte, ni siquiera en la descripción del canal.

Antes de subir tu primera película, tendrás que configurar tu canal correctamente.

6 **Vuelve al símbolo para tu perfil arriba a la derecha, y esta vez haz clic sobre Creator Studio.**

Haciendo clic aquí llegarás a tus preferencias.

7 **Haz clic en la columna izquierda sobre Canal y, luego, sobre Valores predeterminados de carga.**

Si no quieres permitir acceso a comentarios, entonces elimina la marca de punteo en Permitir comentarios, en el área de Comentarios y valoraciones.

Si lo que quieres hacer es supervisar los comentarios antes de publicarlos, entonces cambia Todos por Solo autorizados. Te recomiendo que lo hagas.

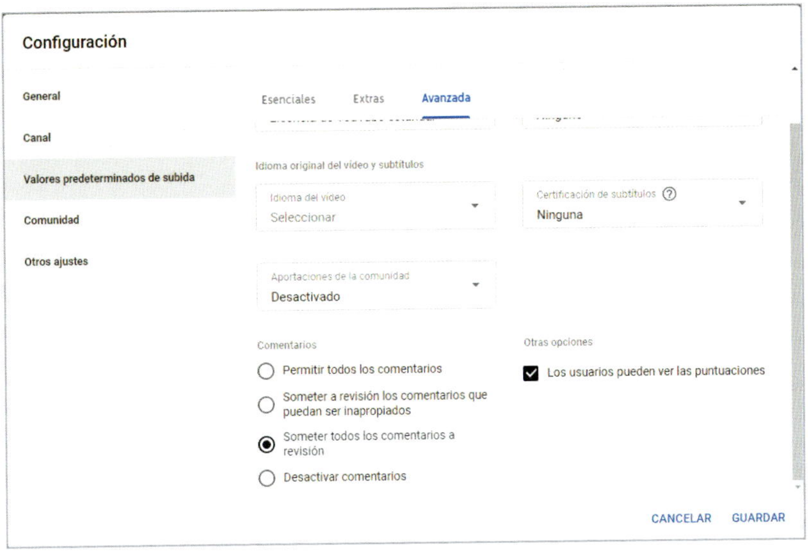

8 **Haz clic arriba sobre la flecha de Subir vídeo.**

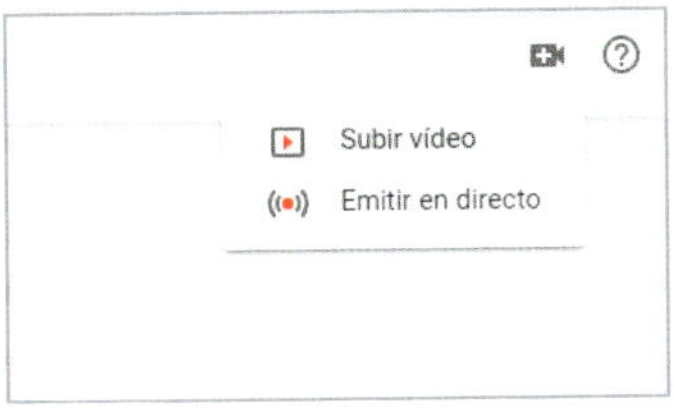

Aquí puedes decidir si tu vídeo puede publicarse de manera pública o privada. Si seleccionas Privada, entonces solo podrán ver tu vídeo las personas a quienes tú envíes tu enlace. Para ello, tendrán que haber iniciado una sesión en YouTube. Es decir, sin una cuenta propia, no podrán ver el vídeo. Además, los vídeos privados no se pueden comentar.

9 **Haz clic sobre la flecha que hay encima de Elegir archivos para cargar.**

10 Busca tu película en tu disco duro y haz clic sobre Abrir.

La carga se inicia de manera automática.

Mientras se carga tu vídeo, puedes introducir el título y una descripción, así como poner *tags*, o etiquetas.

Aquí también puedes restringir la visibilidad de nuevo.

Confirma la carga y guarda el vídeo dando a Publicar. Ahora lo encontrarás en tu canal.

EN VIMEO

Vimeo es una plataforma de vídeo como YouTube, donde cualquiera puede subir sus películas. Lo que me parece más interesante es que Vimeo fue fundada en 2004, un año antes que YouTube. Fue un grupo de realizadores de cine el que creó Vimeo, y eso se nota aún hoy.

Los vídeos en Vimeo son artísticos y creativos. Los usuarios activos suelen ser profesionales y puedes aprender mucho de ellos. Este portal de vídeo está hecho a propósito para nuestras películas de animación.

Cuando leas las condiciones de uso de Vimeo, verás que solo puedes subir vídeos si tienes como mínimo trece años. Mientras no seas mayor de edad, necesitarás permiso de tus padres para tener un canal.

Cuando te suscribes a Vimeo, puedes comentar vídeos y adjudicar corazones. Los comentarios son casi siempre en inglés, y sin duda hay muchas menos publicaciones ofensivas.

¿Quieres publicar un vídeo en Vimeo? ¿Están de acuerdo tus padres? Entonces sigue las instrucciones paso a paso:

Primero, ya lo habrás adivinado, has de suscribirte.

1 **Ve a www.vimeo.com y, arriba a la izquierda, haz clic en Unirse.**

2 **Escribe tus datos y dale a Únete con el correo electrónico.**

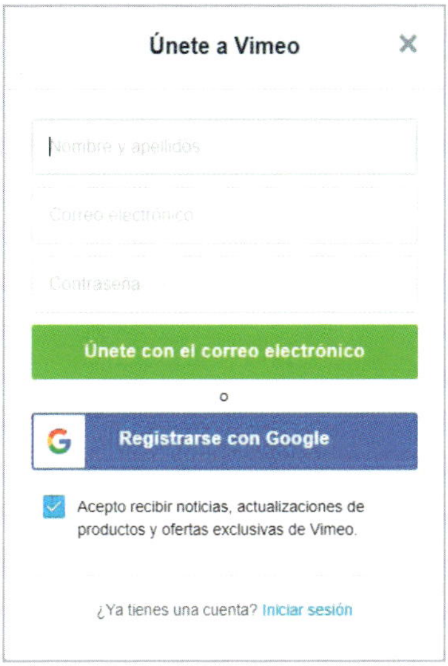

No te suscribas a través de Facebook porque entonces Vimeo tendrá acceso a una parte de tus datos de Facebook. Aunque, de todas formas, es probable que no tengas una cuenta en Facebook.

Vimeo te ofrecerá abrir una cuenta que cuesta dinero para que tengas más espacio de almacenamiento.

3 **Haz clic sobre No, gracias, para llegar a la cuenta gratuita.**

Puedes subir tu vídeo de inmediato.

4 Haz clic arriba a la derecha en Subir y elige el archivo que quieras cargar.

Mientras se carga el vídeo, puedes realizar varios ajustes.

5 Añade un título, una descripción del vídeo y etiquetas.

Decide también quiénes han de ver tu vídeo. El ajuste Solo quienes tengan la contraseña… equivale más o menos al ajuste Privada de YouTube.

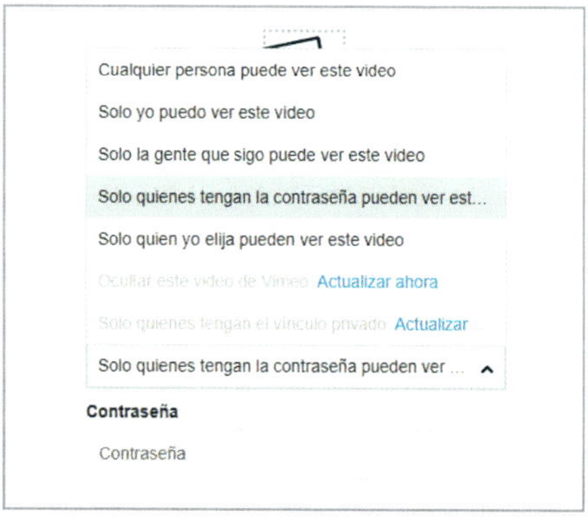

6 **¡Felicidades! Haz clic en Guardar y tu película ya estará en línea.**

EN INSTAGRAM

Si tienes una cuenta de Instagram, puedes subir tu vídeo en tu perfil o en las historias diarias.

1 **Para publicar en tu perfil, haz clic en el símbolo + de la barra de abajo y elige el vídeo.**

2 **Puedes aplicar algún filtro o dejarlo tal cual está.**

3 **Dale a Siguiente, arriba a la derecha, y en la siguiente pantalla puedes escribir un mensaje o descripción.**

En esta pantalla también puedes elegir publicar el vídeo en tus otras redes sociales (Facebook, twitter o Tumblr), si tienes configurado el enlace a tus cuentas correspondientes.

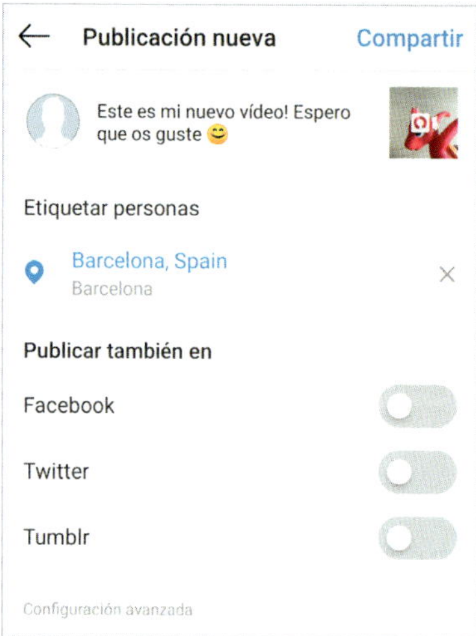

4 **Sigue las instrucciones en la sección de configuración avanzada para ello.**

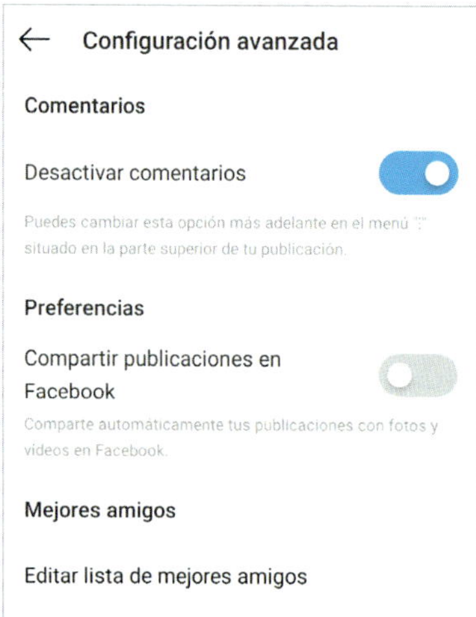

DESPUÉS DE UNA PELÍCULA VIENE OTRA

¡Fantástico! Has logrado un montón de cosas. Has descubierto lo que son las películas de animación en stop motion. Te has dedicado a aprender las técnicas de animación y de filmación. Has pensado una historia y escrito un guion. Quizá también has construido tus propios decorados y elaborado tus personajes y filmado tu propia película de animación en stop motion. ¡Eso es muchísimo!

Ahora, consigue una bolsa de palomitas, ponte cómodo y mira la película con tranquilidad. Incluso dos y tres veces.

¿Qué te parece si esta noche invitas a tu familia al estreno de la película y la enseñas en casa a todos como si fuera una fiesta? Tus padres y hermanos estarán impresionados y orgullosos de ti.

Imagino que descubrirás cosas que te gustaría cambiar. A mí siempre me ocurre, e incluso me ocurrirá con este libro. Eso es normal, porque una película nunca es perfecta. Esto demuestra lo mucho que has aprendido. Ahora se te ocurrirán cosas que hasta hace poco no se te hubieran ocurrido. Ahora tendrás muchas más ideas para efectos espectaculares.

Y esta es la mejor razón para seguir trabajando, ¿o no? Me puedo imaginar que en los próximos días observarás el mundo con otros ojos. Te has metido de una forma tan intensa en el tema de stop motion que ahora miras (quizá siempre) los sitios y objetos con unas gafas de «película de animación». Cosas que a otros les parecen insignificantes, empiezan a cobrar vida en tu cabeza. Y, ¿quién sabe?, a lo mejor ya tienes una idea genial para tu siguiente historia.

En cualquier caso, me quito el sombrero ante ti, porque te has mantenido firme, y te deseo muchas alegrías cuando recopiles ideas, inventes historias, construyas, dibujes y modeles, dirijas y filmes. Porque, después de una película viene otra…

GLOSARIO

Animación: acción de otorgar vida. Mediante una secuencia rápida de imágenes parecidas, con alteraciones mínimas en los objetos y figuras, se consigue mover en apariencia dichos objetos y figuras.

Animación con recortes: en esta animación, las figuras que animes (la mayoría bidimensionales) yacen sobre una superficie lisa, y tú las fotografías desde arriba, es decir, usando un plano cenital. En ocasiones también se utiliza el dibujo.

Ángulo contrapicado: el contrapicado es el punto de vista de una rana, por ejemplo, a la cual todo debe parecerle grande y poderoso. Si quieres conseguir este efecto en tu película, fotografía también desde la perspectiva de una rana, es decir, de abajo arriba.

Ángulo picado: también llamado perspectiva aérea, es la manera en que ve el mundo un pájaro que vuela. Desde esta perspectiva, todo parece pequeño y poco amenazador. Si quieres conseguir este efecto en tu película, tendrás que fotografiar tus escenas desde la perspectiva de un pájaro, es decir, de arriba abajo.

Bajar: cuando bajas o descargas un documento, almacenas datos de un sitio (normalmente de Internet) en tu propio ordenador.

Brickfilms: películas de animación realizadas con figuras de Lego. A menudo, las piezas de Lego también se usan como decorado.

Clip: se llama clip, o videoclip, a una película corta.

Dispositivo de grabación de audio: dispositivo que permite grabar con buena calidad sonidos, música y diálogos para tu película.

Efecto: un efecto (especial) es una acción en la película que se genera mediante una técnica especial.

Encuadre: el encuadre depende de la distancia entre la cámara y el objeto de tu filmación, así como del tipo de angular de la cámara. En el plano general se ve por ejemplo todo el set, en cambio, en un primerísimo plano se ve un pequeño detalle.

Exportar: una vez has terminado tu película, la exportas. Esto significa que guardas la película en un formato de datos que también pueden interpretar otras apps de stop motion o programas de edición de vídeo.

Flip book: pequeño libro que muestra en orden varias imágenes que van cambiando gradualmente. A menudo, las imágenes son dibujos. Si hojeas rápidamente el libro, la sucesión de las imágenes individuales origina movimiento. Los *flip books* son más antiguos que las películas. Son, por así decirlo, sus precursores.

Fotogramas por segundo: número de imágenes individuales que se montan para obtener un segundo de material de vídeo.

Guion: el guion es el meollo de una película. En él estableces lo que se verá y oirá en tu vídeo.

Localización: lugar o zona donde filmarás tu película.

Onion skinning: función importante de los programas de stop motion. Con ella puedes hacer que la foto anterior sea transparente y se muestre encima de la imagen actual.

Perspectiva normal: perspectiva en la que fotografías a tu personaje a la altura de los ojos. No creas ningún efecto especial, sino uniforme.

Plastimación: técnica que consiste en animar figuras de plastilina.

Set: suma de los decorados, objetos y personajes que has montado.

Storyboard: versión dibujada en forma de cómic de tu guion.

Subir: subir una película consiste en cargar un archivo en Internet.

Técnicas de animación: hay muchas técnicas para realizar películas de animación. Se diferencian entre ellas por las figuras y materiales que utilices, y también por si el resultado es bidimensional o tridimensional.

SOBRE LA AUTORA

Vera Borngässer se dedica a la pedagogía de los medios de comunicación, es *disc jockey* y madre.

Cuando no está con su hijo, u ocupada con la música, se la puede encontrar en las escuelas de Alemania. Da igual que se trate de padres, profesores o alumnos, en su profesión, de lo que se trata es de preguntarse: ¿qué les gusta hacer a los jóvenes y niños en Internet?, ¿qué les fascina y dónde puede haber problemas? Instagram, Snapchat o YouTube tienen un lado oscuro, pero el otro es pura diversión.

A Vera Borngässer le encanta filmar vídeos y películas de animación con sus alumnos, crear sitios web, grabar obras radiofónicas o jugar con el Pacman osito de goma en su laberinto virtual. Su lema es: «Ser creativos, vigilar los riesgos y ¡divertirse!».